铁路基础设施检测技术丛书

铁路接触网检测技术

丛书编委会　编著

中国铁道出版社有限公司

2025年·北　京

内 容 简 介

本书为“铁路基础设施检测技术丛书”之分册。全书共分3章，主要内容有：牵引供电基础知识，包括牵引供电系统、供电方式、接触网结构、弓网关系、接触网常见病害、接触网检测监测体系；接触网检测系统，包括检测参数、系统架构、软硬件组成、检测原理、系统标定、常见设备故障及处理方法；接触网检测作业相关的操作、运用维护、常见缺陷处理案例等。本书内容翔实，深入浅出，实用性强，对铁路接触网检测及设备养护维修具有重要意义。

本书适合铁路工程领域接触网检测从业人员参考，也可供高等院校、高职院校铁路相关专业师生学习参考。

图书在版编目（CIP）数据

铁路接触网检测技术 / 丛书编委会编著. -- 北京 ：中国铁道出版社有限公司, 2025. 5. -- (铁路基础设施检测技术丛书). -- ISBN 978-7-113-31966-3

Ⅰ. U238；U225

中国国家版本馆CIP数据核字第2025B6L019号

书　　名：铁路接触网检测技术
作　　者：丛书编委会

策　　划：刘　霞
责任编辑：刘　霞　**编辑部电话：**（010）51873405　**电子邮箱：**lovelxia_2008@163.com
封面设计：高博越
责任校对：苗　丹
责任印制：赵星辰

出版发行：中国铁道出版社有限公司（100054，北京市西城区右安门西街8号）
网　　址：https://www.tdpress.com
印　　刷：北京联兴盛业印刷股份有限公司
版　　次：2025年5月第1版　2025年5月第1次印刷
开　　本：700 mm×1 000 mm 1/16　**印张：**12.75　**字数：**162千
书　　号：ISBN 978-7-113-31966-3
定　　价：128.00元

铁路基础设施检测技术丛书

编委会

序

2024年是中华人民共和国成立75周年，是实现“十四五”规划目标任务的关键一年，也是铁路加快推进“六个现代化体系”建设的重要一年。中国国家铁路集团有限公司党组提出，要以全面深化改革创新为动力，以加快构建“六个现代化体系”为载体，奋力推动铁路高质量发展、率先实现铁路现代化取得新成效，勇当服务和支撑中国式现代化的“火车头”，为以中国式现代化全面推进强国建设、民族复兴伟业贡献铁路力量。贯彻落实加快构建“六个现代化体系”，对铁路基础设施检测保障运营安全的能力提出了更高要求。

随着“八纵八横”高铁网逐步建成，高速铁路运营大修改造窗口期即将到来，“开展时速350公里线路等速检测，拓展普铁周期性综合检测范围，加大跨局检测组织力度，将高温、高寒时段加密检测纳入年度计划，提高动态检测覆盖率、均衡度”已成为加快构建现代化养护维修体系的有效举措之一。

到2035年我国铁路网规模将达20万公里左右，其中高铁7万公里，如何保障大规模路网的安全运营和科学经济的养护维修，也成为未来关注的重点。用机器替代人工，动态替代静态，智能替代经验，精准状态评价替代服役年限评价，是铁路基础设施检测工作未来发展的趋势。

目前我国已成功研制并应用高速综合检测列车、综合巡检车、专业检查车和运营列车在线检测等多种基础设施检测移动装备，为我国铁路运营前联动测试安全评估和运营后日常动态检测养护维修提供了重要手段。

“铁路基础设施检测技术”丛书涵盖铁路基础设施动态检测多个专业，深入浅出，内容翔实，有助于相关人员从多个维度、多个视角系统深入理解动态检测的技术要点，对确保高速列车运行的平稳安全和高速铁路养护维修的长远发展意义重大，社会效益显著。

2024年10月

前　言

中国国家铁路集团有限公司自2012年开始构建“高速铁路供电安全检测监测系统（6C系统）”，目的是对高速铁路牵引供电系统关键设备进行全方位的检测和监测，掌握设备服役状态，指导牵引供电设备养护维修。其中，弓网综合检测装置（1C装置）安装于高速综合检测列车和接触网检测车上，对接触网几何特性、弓网受流、接触线平顺性等参数进行检测，其检测参数最全、蕴含信息最为丰富。本书针对广大铁路接触网检测从业人员而编著，介绍了接触网的基本知识、1C装置的检测技术及检测作业等内容，其他6C系统中的检测装置本书并未涉及，故章节中的检测均指1C装置检测。

本书共分3章。第1章介绍牵引供电基础知识，包括牵引供电系统、供电方式、接触网结构、弓网关系、接触网常见病害、接触网检测监测体系。第2章介绍接触网检测系统，包括检测参数、系统架构、软硬件组成、检测原理、系统标定、常见设备故障及处理方法。第3章介绍接触网检测作业相关的操作、运用维护、常见缺陷处理案例。

本书由“铁路基础设施检测技术丛书”编委会编著。本书各章编著人员如下：王小兵、汪海瑛（第1章），李丁、周威（第2章），谢大鹏、曹春生（第3章）。参与编著的人员还有杨志鹏、王婧、夏博光、薛宪堂等。

由于编著者水平有限，书中难免错漏之处，恳请读者批评指正。

编著者

2024年6月

目　录

第 1 章　牵引供电

第 2 章 接触网检测系统

第1章 牵引供电

1.1 牵引供电系统

1.1.1 牵引供电系统结构

1. 牵引供电系统组成

电力牵引供电系统是指从电力系统或一次供电系统接受电能，通过变压、变相或换流（将工频交流变换为低频交流或直流电压）后，向电力机车负载提供所需电流制式的电能，并完成牵引电能传输、配电等全部功能的完整系统。电气化铁路供电系统主要由牵引变电所、接触网、数据采集与监视控制系统（SCADA）三大部分组成，如图1-1所示。

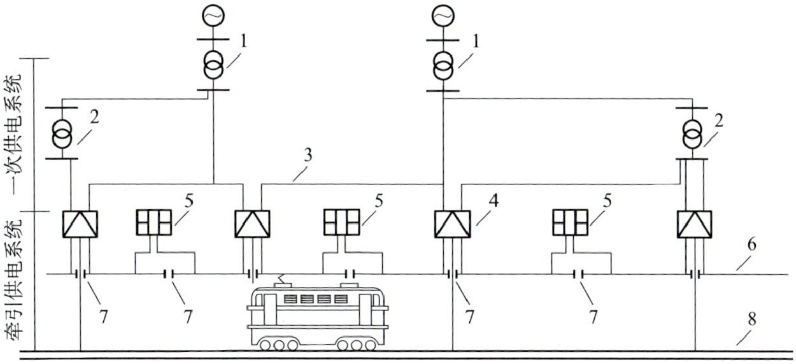

1—发电厂；2—电力系统区域变电所；3—电力系统供电线；4—牵引变电所；5—分区所；6—接触网；7—电分相装置；8—轨道。

图 1-1 电气化铁路供电系统示意

牵引变电所的任务是将电力系统三相电压降低，同时以单相方式馈出至接触网上。降低电压是由牵引变压器来实现的，将三相变为单相通过变压器的接线方式来达到。牵引变压器（主变）是一种特殊的电力变压器，应满足牵引负荷变化剧烈、外部短路频繁的要求，是牵引变电所的“心脏”。

接触网是在电气化铁道中，沿钢轨上空之字形架设的，供受电弓取流的高压输电线。接触网是铁路电气化工程的主构架，是沿铁路线上空架设的向电力机车供电的特殊形式的输电线路。

SCADA系统（supervisory control and data acquisition，SCADA），即数据采集与监视控制系统。SCADA是以计算机为基础的生产过程控制与调度自动化系统，利用远程通信技术进行信息传输，实现对远方设备的监视和控制、实现数据采集、设备控制、测量、参数调节、各类信号报警以及视频监视等各项功能。

2. 牵引网

牵引供电回路是由牵引变电所—馈电线—接触网—电力机车—钢轨—回流连接—（牵引变电所）接地网组成的闭合回路，其中，流通的电流称牵引电流。通常将接触网、钢轨回路（包括大地）、馈电线和回流线统称为牵引网。

3. 接触网

广义上的接触网包括电气化铁路和城市轨道交通中向电力机车提供电能的多种类型的特殊供电线路，包括架空接触网和接触轨。狭义的接触网特指架空接触网，包括柔性架空接触网、刚性悬挂接触网两类。

柔性架空接触网由接触悬挂、支持装置、定位装置、支柱与基础五部分组成，如图1-2所示。它的特点是采用承力索、接触线、吊弦等柔性线索组成链型悬挂；优点是具有较好的弹性，适合于列车高速运行，悬挂点跨距大，一次性投资少，在电气化铁路或城市轨道交通中均有广泛应用。

(a) 高速铁路　　(b) 普速铁路

图 1-2　柔性接触网

刚性悬挂接触网是一种将接触导线夹装在汇流排上的悬挂方式，依靠汇流排自身的刚性使得接触线保持在同一安装高度，从而取消链型悬挂承力索，使接触悬挂系统具备最小的结构高度，最大程度上利用有限的悬挂空间。

1.1.2　供电方式

1.1.2.1　牵引网供电方式

电气化铁路单相交流负荷在接触网周围空间产生交变电磁场，从而对附近通信设施和无线电装置产生一定的电磁干扰。为解决电气化铁路对沿线通信设备电磁干扰问题，在牵引供电方式上采取不同的防护措施，便产生不同的供电方式，即直接供电（TR）、吸流变压器（BT）、自耦变压器（AT）和带回流线直接供电方式。

直接供（TR）电方式不采取电磁干扰防护措施，对电气化铁路沿线通信等设施影响大，只适用于对防电磁干扰影响要求不高的地区，目前一般很少采用。

吸流变压器（BT）供电方式在接触网上每隔一段距离装一台BT（吸流变压器，变比为1：1），其原边串入接触网，次边串入回流线（简称NF线，架在接触网支柱田野侧，与接触悬挂近似等高），每两台吸流变压器之间有一根吸上线，将回流线与钢轨连接，其作用是将钢轨中的回流“吸上”去，经回流线返回牵引变电所，起到防干扰效果。

采用自耦变压器（AT）供电方式时，牵引变电所主变输出电压为55 kV，经AT（自耦变压器，变比2：1）向接触网供电，一端接接触网，另一端接正馈线（简称AF线，架在田野侧，与接触悬挂近似等高），其自耦变压器中点抽头则与钢轨相连。AF线的作用同BT供电方式中的NF线一样，起到防干扰功能，但效果较前者好。此外，在AF线下方还架有一条保护（PW）线，当接触网绝缘破坏时起到保护跳闸作用，同时亦兼有防干扰及防雷效果。单线自耦变压器（AT）供电方式如图1-3所示。

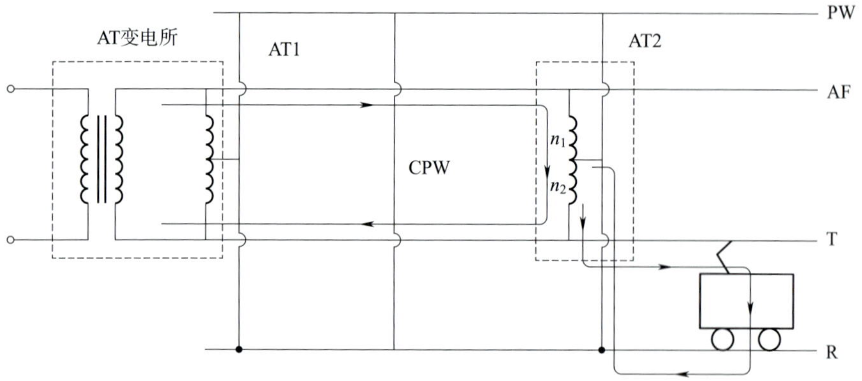

图 1-3　AT 供电方式示意（单线）

显然，AT供电方式接触网结构比较复杂，田野侧挂有两组附加导线，AF线电压与接触网电压相等，PW线也有一定电位（约几百伏），增加故障几率。由于牵引变电所馈出电压高，所间距可增加一倍，目前已成为我国设计时速250 km以上高速铁路和重载铁路首选供电方式。

带回流直供方式即直供+回流（TR）供电方式，回流线每隔一定距离通过吸上线与钢轨相连，既起到防干扰作用，又兼有PW线特性。由于没有吸流变压器，改善了网压，接触网结构简单可靠。近年来在我国新建和改建普速铁路电气化铁路得到广泛应用。直供+回流线（TR）供电方式如图1-4所示。

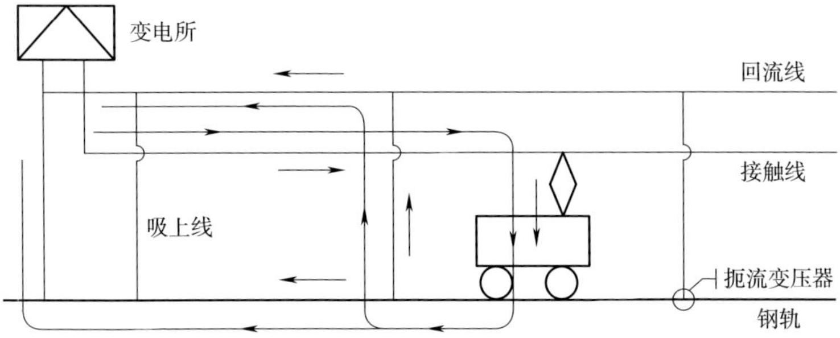

图 1-4 直供 + 回流线供电方式示意

1.1.2.2 接触网供电方式

1. 单边供电和双边供电

电气化铁道接触网的供电方式按分区所运用状态分为单边供电、双边供电两种方式。我国电气化铁路均采用单边供电方式，即牵引变电所向接触网供电时，每一个供电臂的接触网只从一端的牵引变电所获得电能，如图1-5所示。单线区段的双边供电方式如图1-6所示。

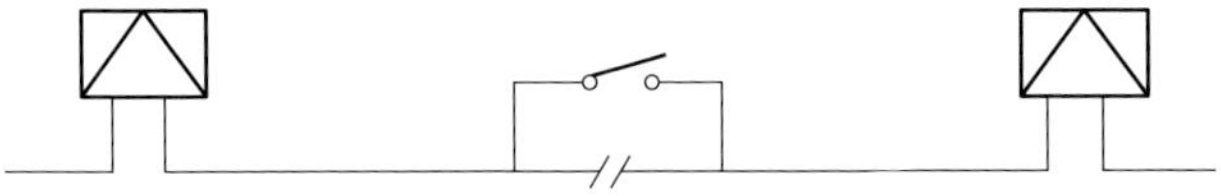

图 1-5 单线区段单边供电方式

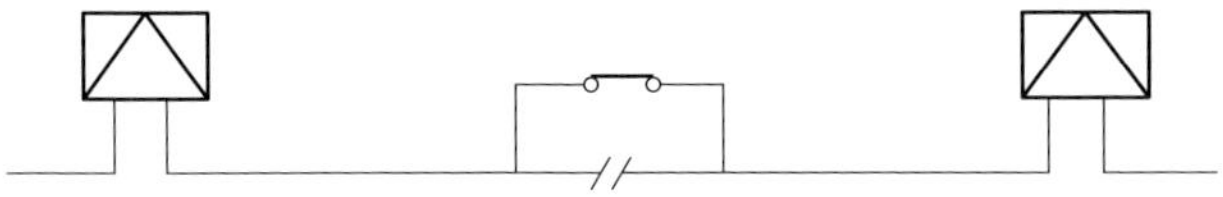

图 1-6 单线区段的双边供电方式

2. 越区供电

当牵引变电所发生故障时，相邻变电所可通过分区所实现“越区供电”，此时供电范围扩大，网压降低，通常应采取限速、减少列车对数或牵引定数的方式降低负荷维持列车运行。单线区段牵引变电所越区供电示意如图1-7所示。

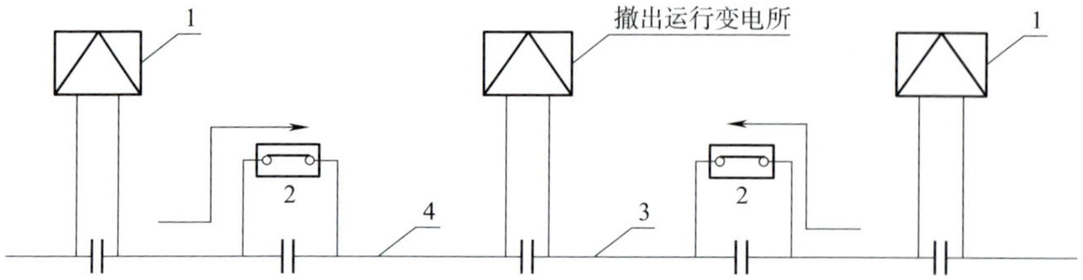

1—牵引变电所；2—分区所；3—撤出运行变电所的一个供电臂；4—撤出运行变电所的另一个供电臂。

图 1-7　单线区段牵引变电所越区供电示意

3. 并联供电

复线区段通过分区所将上下行接触网末端连接，可实现“并联供电”，以均衡负荷电流，提高牵引网供电能力。复线区段上下行并联供电方式如图1-8所示。

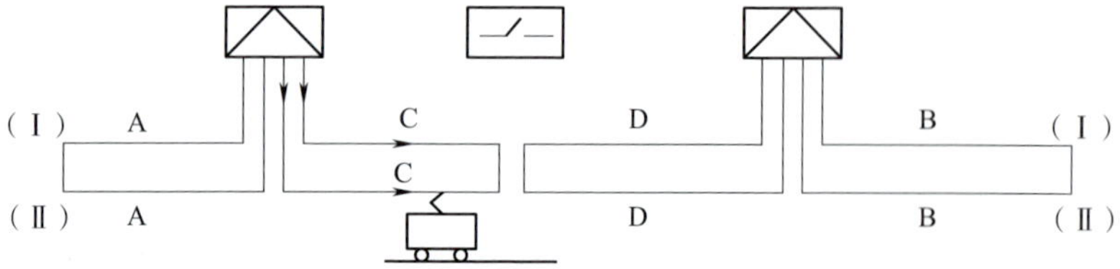

图 1-8　复线区段上下行并联供电示意

4. 全并联AT供电方式

目前我国新建高铁和重载铁路普遍采用的自耦变压器（AT）供电方式，在分区所、AT所处均并联，即所谓的全并联AT供电方式。全并联AT供电方式虽然使牵引变电所馈线保护整定相对复杂，但均衡了供电臂内牵引网电流，极大地提高了供电能力，满足了高铁和重载铁路大负荷电流要求。全并联2×25 kV AT供电系统的分区所一般采用两种主接线方式。高速铁路全并联AT供电牵引网正常供电方式如图1-9所示，越区供电方式如图1-10所示。

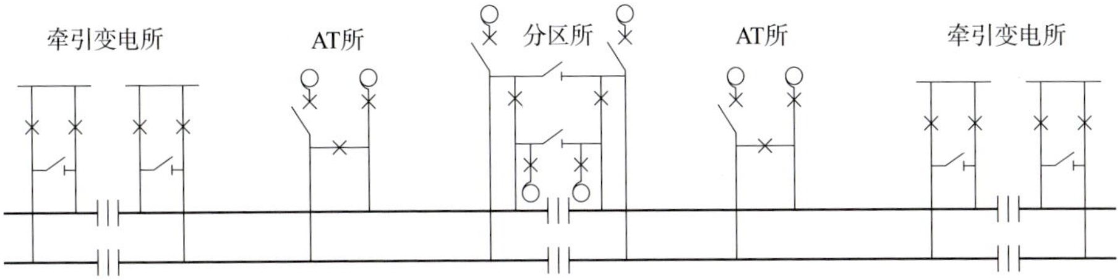

图 1-9 高速铁路全并联 AT 供电牵引网正常供电示意

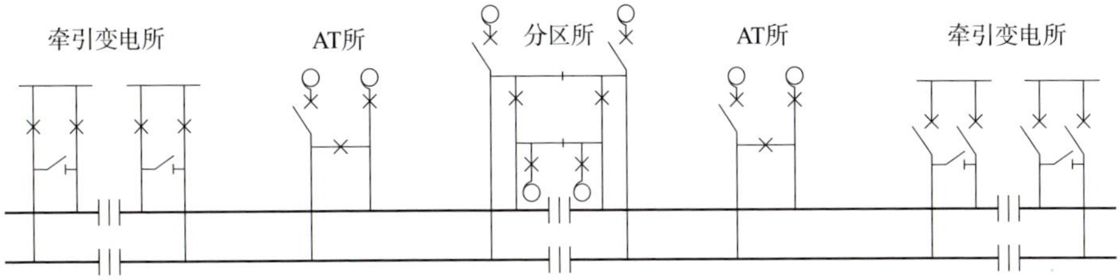

图 1-10 高速铁路全并联 AT 供电牵引网越区供电示意

1.2 接触网

1.2.1 接触网结构与设备

1.2.1.1 支柱和基础

支柱和基础作用是承受接触悬挂、支持和定位装置的全部负荷，并将接触悬挂固定在规定的位置和高度上，基础的作用是保持支柱稳定，并将支柱的负载和力矩传递给土体。

支柱是接触网的主要支撑设备，用于安装支持结构、悬挂和定位接触悬挂以及附加导线，承受接触网自身及附加的各类负载。

我国电气化铁路接触网一般采用预应力钢筋混凝土支柱（简称混凝土柱）和钢柱，混凝土柱采用直埋方式时，混凝土柱下端直接埋入地下，在基坑内安装底板和横卧板，再将支柱直接埋入开挖的基坑中，回填土方夯实，如图1-11（a）所示。高速铁路一般采取预留钢柱基础和H型钢柱，如图1-11（b）所示。

(a) 普速铁路预应力钢筋混凝土支柱

(b) 高速铁路H型钢柱及基础

图 1-11　支柱

1.2.1.2　支持装置

支持装置包括平腕臂（水平拉杆或压管）、斜腕臂、绝缘子及其他建筑物的特殊支持设备等组成，我国高速铁路接触网支持装置、定位装置基本结构如图1-12所示，其作用是支持接触悬挂，并将其负荷传给支柱或其他建筑物。

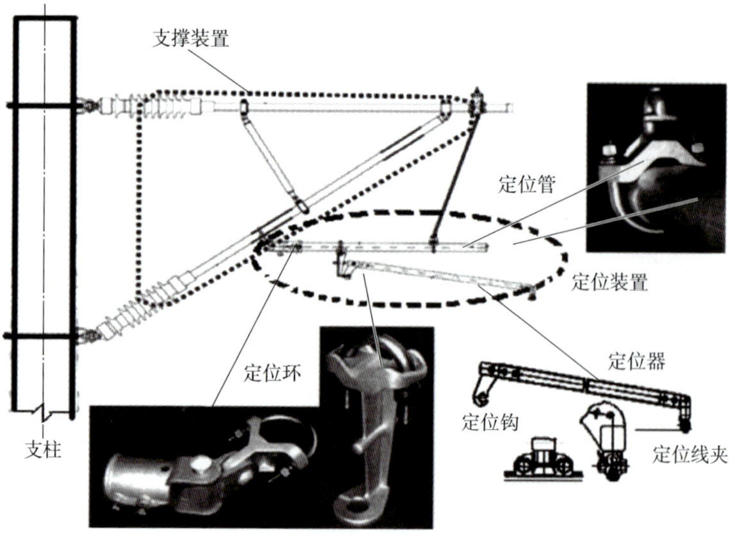

图 1-12　我国高速铁路接触网基本结构

腕臂安装在支柱上部，一般使用圆形钢管或用槽钢、角钢加工制成，用以支持接触悬挂，并起传递负荷的作用。腕臂按其与支柱之间是否绝缘分为绝缘腕臂和非绝缘腕臂两类。

绝缘子是接触网带电体与支柱设备或其他接地体保持电气绝缘的重要部件。接触网用的绝缘子多为瓷质悬式绝缘子和棒式绝缘子。绝缘子承受工作电压和各种过电压，并承担接触悬挂和支持装置的重量及因气象影响产生的机械载荷。因此，绝缘子要有足够的电气绝缘强度，能承受一定的机械荷载和能经受不利环境和大气的影响。

1.2.1.3 定位装置

定位装置包括定位管、定位器、定位管支撑、斜吊线及防风拉线等设备，如图1-13所示，其作用是固定接触线的位置，使接触线在受电弓滑板运行轨迹安全范围内，保证接触线与受电弓不脱离，并将接触线的水平负荷传给支柱。定位装置对于接触悬挂的工作状态和受电弓的运行安全有重大影响，必需能保证将接触线固定在设计要求的空间位置（导高和拉出值）上；当温度发生变化时，不影响接触网线索沿线路方拉线向的移动；定位点处弹性良好，无集中载荷，无硬点，不影响受电弓快速取流通过。

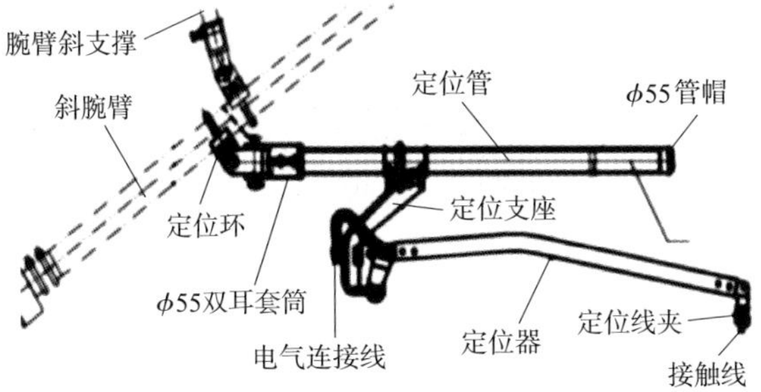

图 1-13 定位装置及其零部件示意

定位器是定位装置中关键的部件，其作用是通过定位线夹把接触线按设计标准拉出值的要求，固定在一定位置，保证接触线工作面平行于轨面，并承受接触线的水平力。一般分为普通定位器和限位定位器。普通定位器是由镀锌钢管、套筒、定位销钉焊接而成。定位器从形状上可分为直管定位器、弯管定位器等几种常用的定位器。限位定位装置一般分为非弹性限位定位装置（简称限位定位装置）及弹性限位定位装置、软横跨结构中固定接触线位置的限位定位装置。

1.2.1.4　锚段和锚段关节

为满足供电和机械受力方面的需要，将接触网分成若干一定长度且相互独立的分段，这种独立的分段称为锚段。

锚段是接触网的基本单元，一个锚段包括若干个跨距、一个中心锚节、两端下锚装置以及与相邻锚段衔接的锚段关节，如图1-14所示。

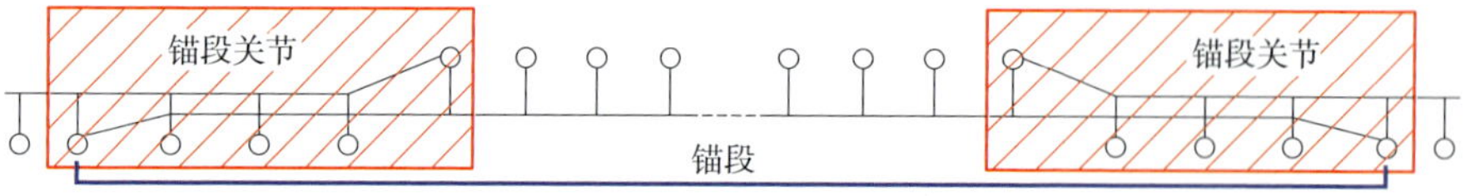

图 1-14　接触网纵向结构示意

设立锚段可以限制事故范围。当发生断线或支柱折断等事故时，由于各锚段间在机械受力上是独立的，则使事故限制在一个锚段内，缩小了事故范围。设立锚段便于在接触线和承力索两端设置补偿装置，以调整线索的弛度与张力。设立锚段有利于供电分段，配合开关设备，满足供电方式的需要。可实现一定范围内的停电检修作业。

接触网每个锚段包括若干个跨距。在确定锚段长度时，要考虑发生事故的影响范围；当温度变化时，因线索伸缩引起吊弦、定位器及腕臂的偏斜不超过允许值；下锚处补偿坠砣应有足够的上下移动空间；要保证在极限温度下，中心锚结处和补偿器端线索张力差不超过规定值。由于线索顺线路的热胀冷缩移动，使每一吊弦、定位器和腕臂固定点处，因偏斜而对线索产生分力作用出现张力差。对于半补偿链型悬挂设计规定其张力差不超过接触线额定张力的±15%；全补偿链型悬挂，除满足接触线张力差外，要求承力索张力差不超过承力索额定张力的±10%。

锚段关节是指锚段与锚段之间的衔接部分，如图1-14中的阴影部分所示。

根据锚段关节所包含跨距数，锚段关节可分为三跨、四跨、五跨等结构形式，在某些特殊情况下（如空间严重受限）时，也偶尔采用两跨锚段关节。四跨锚段关节如图1-15和图1-16所示。

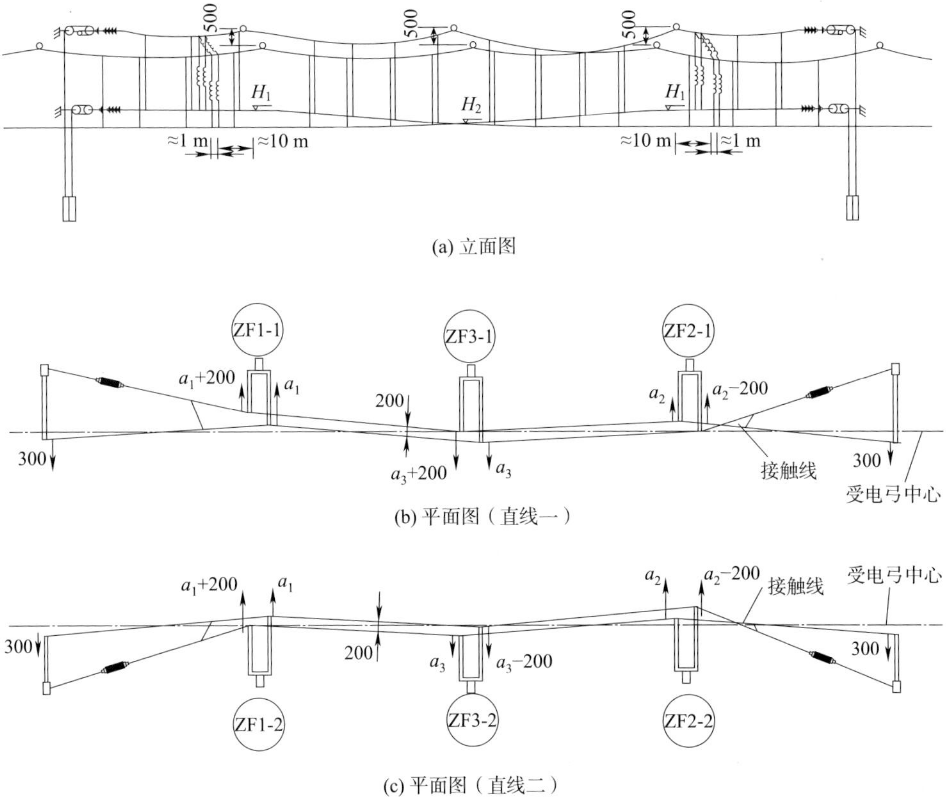

图 1-15　四跨非绝缘锚段关节结构示意（单位：mm）

根据锚段与锚段之间的电气关系，锚段关节可分为绝缘锚段关节和非绝缘锚段关节。非绝缘锚段关节仅起机械分段的作用，组成锚段关节的两组悬挂彼此间通过电连接直接从电气上连通，空气间隙较小；绝缘锚段关节既起机械分段的作用，也起电气分段的作用，组成锚段关节的两组悬挂彼此间通过隔离开关实现电气通断，空气绝缘间隙应满足27.5 kV的绝缘要求。

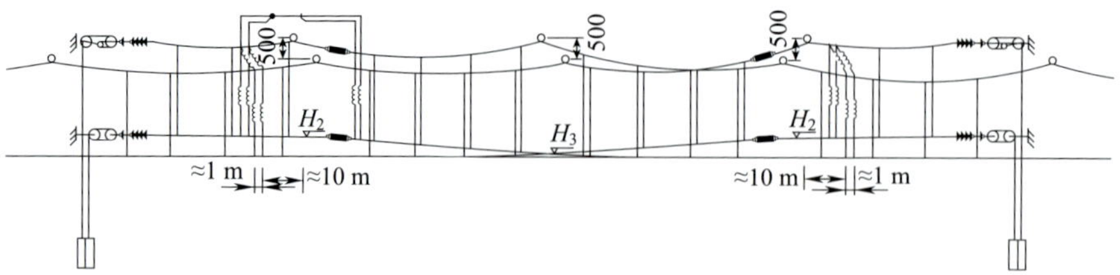

(a) 立面图

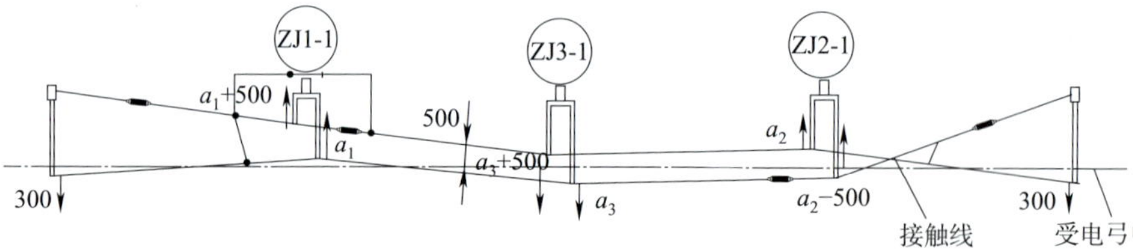

(b) 平面图（直线一）

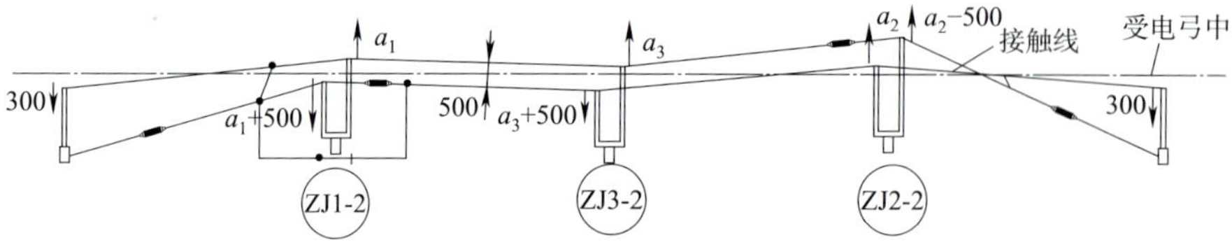

(c) 平面图（直线二）

图 1-16　四跨绝缘锚段关节结构示意（单位：mm）

一般而言，在车站或大型站场两端、大型桥隧两端均应设置绝缘锚段关节。

锚段关节是接触网的薄弱点，是接触悬挂机电分段和受电弓转换过渡的主要结构形式，无论设计、施工、运营都应高度重视其机电性能。

1.2.1.5　张力补偿

补偿下锚可调节和控制因温度变化引起的线索张力和弛度变化，使张力和弛度保持在一定技术范围内，提高接触网的机械稳定性。在高速铁路接触网中，为提高接触网（主要是接触线）的波动速度，承力索和接触线均加有较大的补偿张力。

如图1-17所示，目前张力补偿装置主要有滑轮组补偿装置、棘轮组补偿装置和弹簧补偿装置。为防止补偿的不平衡，同一锚段两端的张力补偿装置应尽量一致。

图 1-17　接触网补偿装置

1.2.1.6　中心锚结

中心锚结用于防止接触悬挂因气温变化、风雪影响以及线路坡道和受电弓作用下产生的窜动；除此以外，中心锚结还能缩小因承力索或接触线断线所造成的事故范围。一般采用两跨式中心锚结，如图1-18所示。

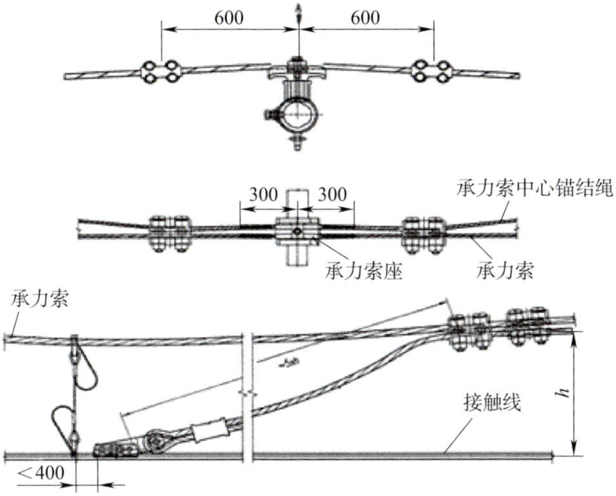

(a) 防断型中心锚结装置安装示意

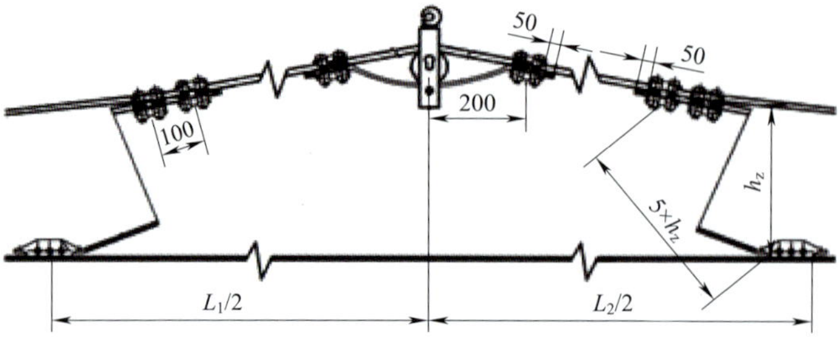

(b) 防窜型中心锚结装置安装示意

图 1-18　中心锚结装置（单位：mm）

中心锚结所在跨距内，接触线、承力索、中心锚结绳均不得有接头。中心锚结绳及辅助绳一般采用不锈钢绞线或镀锌钢绞线，型号规格取决于补偿张力的大小，应确保在承力索或接触线断线的情况下，中心锚结辅助绳能承受接触悬挂上的全部负载而不发生松动或断股。为使锚固中心锚结绳的支柱保持受力平衡，锚固中心锚结绳的支柱应打斜拉线，斜拉线与水平面的角度在45°～60°之间，斜拉线与中心锚结绳应在一个垂直面内。

中心锚结辅助绳的长度应根据中心锚结形式、悬挂结构高度、中心锚结所在跨距的大小，承力索弛度进行计算确定，应确保中心锚结处于合理的受力状态。特别是接触线中心锚结绳，既不能处于松弛状态，又不能承受过大拉力。处于松弛状态的中心锚结绳有可能低于受电弓抬起的接触线而发生打弓；处于过度受拉状态的中心锚结绳则会使接触线中心锚结线夹处接触线出现负弛度，增大该处磨耗。

中心锚结的具体位置取决于线路条件，原则上是使中心锚结两侧半锚段产生的张力差相等。一般而言，当锚段全部位于直线区段或圆曲线区段时，中心锚结应设置在中部；当锚段跨越直缓点、圆缓点、缓和曲线，中心锚结应设置在曲线半径较小的一侧。

1.2.1.7　接触网线岔

接触网线岔有交叉和无交分两种结构形式，无交分线岔有两组悬挂无交分和三组悬挂无交分两种结构形式。

接触网线岔的具体结构形式和技术参数取决于道岔型号、受电弓弓头形状和几何尺寸、列车正线和侧线最大通过速度等因素。

弓网始触区和接触线无线夹区是涉及接触网线岔的两个重要技术概念。

始触区是指受电弓弓头圆弧部开始接触另一支接触线的区域。弓网始触区是距离受电弓中心600～1 050 mm，高为360 mm加受电弓动态抬升量的一个空间区域。

对于接触线，在始触区内滑板往往不从接触线正下方接触，而是从侧下方进入，如果在始触区内安装定位线夹、电连接线夹，有可能造成碰弓和打弓，为此规定在始触区的接触线不能安装除吊弦线夹以外的任何零件。当在始触区内安装吊弦线夹时一定要注意安装方式和螺栓的安装方向。

受电弓安全平滑通过交叉线夹的必备条件，始触区的空间位置合理；在始触区内两接触线等高；在始触区及其附近，处于受电弓动态包络线以内的接触线不能安装除吊弦线夹以外的任何零件；受电弓弓头及其动态轮廓符合设计要求。

1. 交叉线岔

交叉线岔由两根交叉接触线、一根限制导杆及定位线夹等零件组成，如图1-19所示。两支接触线的上下位置是依据线路情况和线岔距中心锚结的远近确定的。当正线接触线与侧线接触线相交时，正线接触线在下位，侧线接触线在上位；当两侧线接触悬挂相交时，距下锚装置近的一组悬挂在上方，距下锚装置远的一组悬挂位于下方。

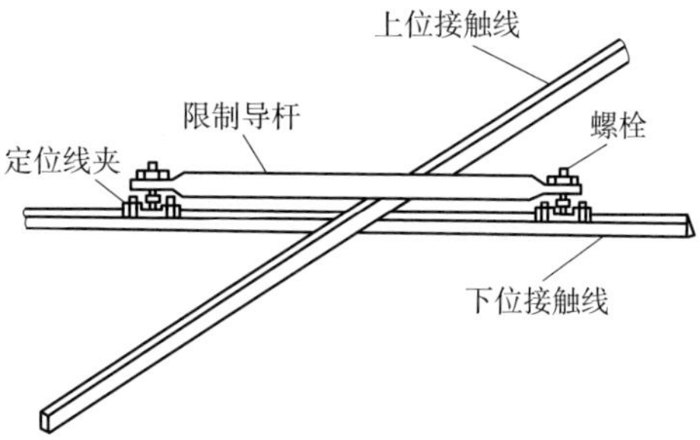

图 1-19　交叉线岔结构示意

2. 无交分线岔

为改善受电弓高速通过线岔时的集流环境，使侧线接触悬挂不影响正线受电弓高速通过，采用无交分线岔。无交分线岔由正线进侧线始触区、受电弓转换区、侧线进正线始触区三个区域组成，三区的具体技术参数与受电弓型号、道岔型号、受电弓动态包络线、道岔区接触线高度、无交分线岔的空间布局和具体结构有关。

设计无交分线岔的基本原则如下所述。

（1）正线受电弓在最大抬升及最大摆动情况下高速、安全滑过正线接触线，而不碰触侧线接触线。

（2）正线接触悬挂宜靠向侧线，使受电弓能在正线接触线与侧线接触线间安全平稳转换。

（3）侧线接触悬挂立面按一定坡度布置。站线非工作支接触线应尽量抬高，工作支接触线（特别是始触区至过渡点）应适当降低，以保证正线受电弓顺利通过及侧线受电弓在正线、侧线间顺利过渡转换。

我国高速铁路常用无交分线岔平面布置如图1-20～图1-23所示。

一般18号以下道岔宜采用交叉线岔，18号以上道岔宜采用无交分线岔，因为小号道岔采用无交分线岔容易使侧线接触线发生侧偏；大号道岔采用交叉线岔会导致限位管过长，增大线岔处的集中质量。

1.2.1.8　接触悬挂

接触悬挂由承力索、吊弦、接触线以及连接零件等组成，通过支持装置架设在支柱上，其作用是将从牵引变电所获得的电能输送给电力机车。腕臂等支持装置悬挂固定承力索，承力索通过吊弦悬挂接触线，通过调整吊弦长度使接触线对轨面的高度保持相对一致，受电弓顶部的滑板紧贴接触线摩擦取流，获取电力机车运行所需电能。

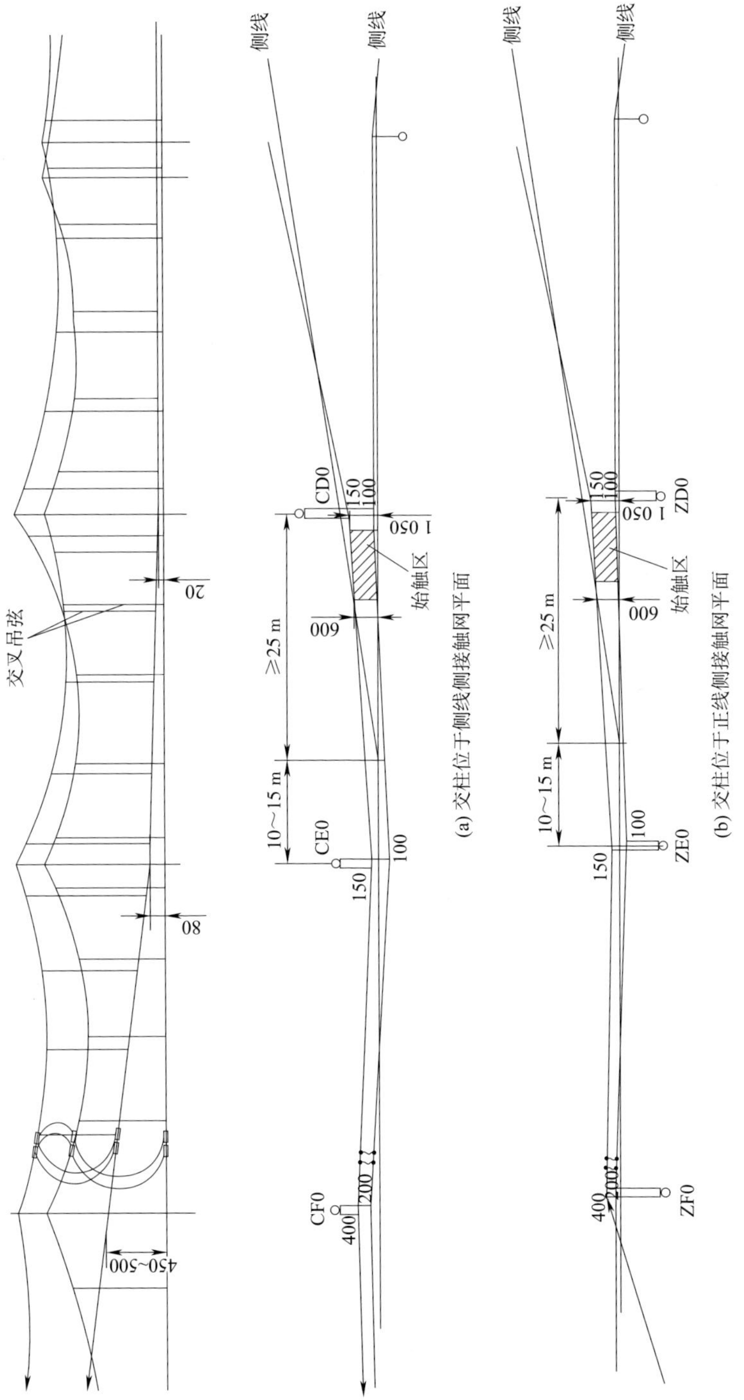

(a) 交柱位于侧线侧接触网平面

(b) 交柱位于正线侧接触网平面

图1-20　18号无交分线岔（小拉出值）结构示意（单位：mm）

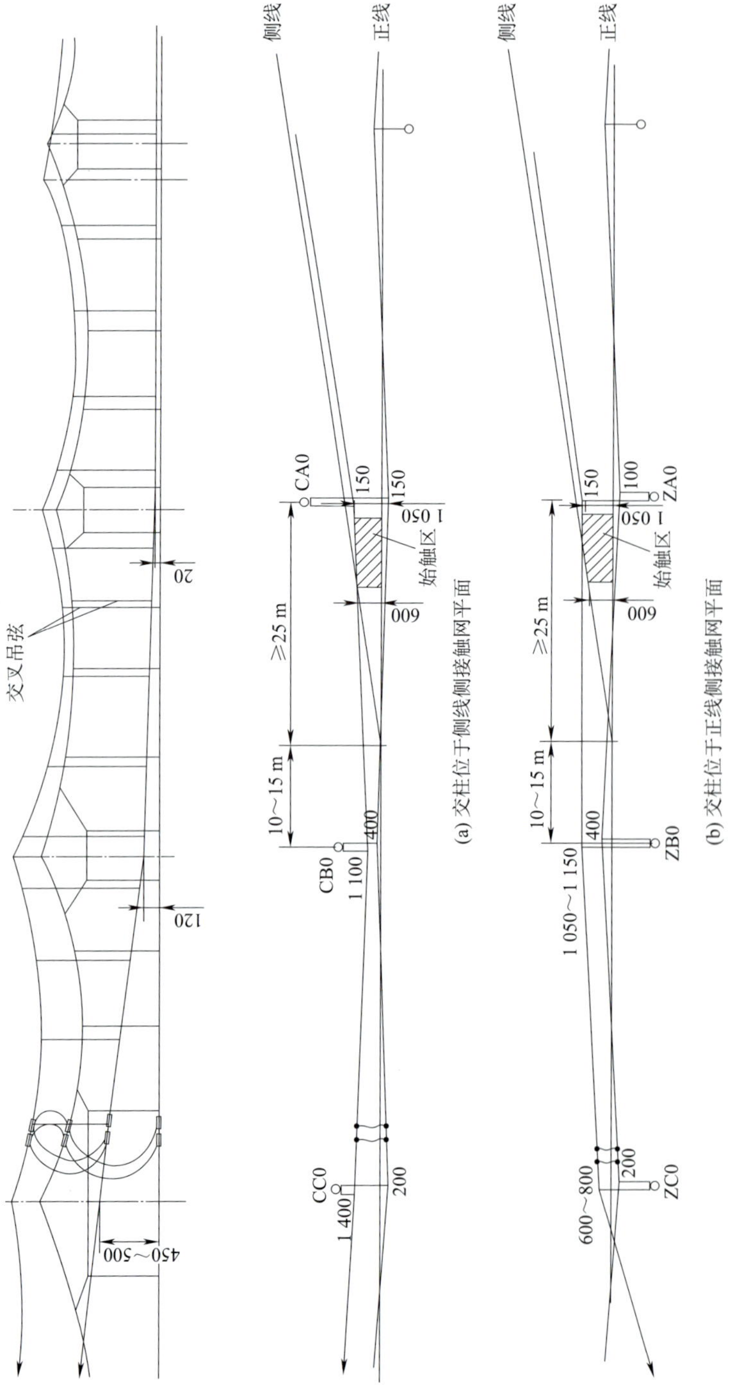

(a) 交柱位于侧线侧接触网平面

(b) 交柱位于正线侧接触网平面

图1-21　18号无交分线岔（大拉出值）结构示意（单位：mm）

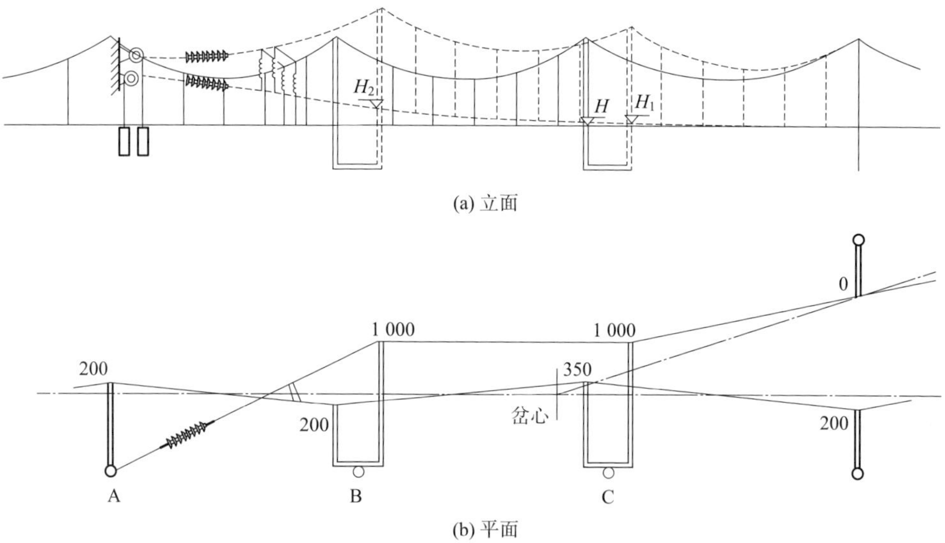

图 1-22 京沪高铁 18 号无交分线岔结构示意（单位：mm）

在我国普速铁路基本采用全补偿简单链型悬挂。高速铁路接触网采用全补偿弹性链型悬挂。全补偿链型悬挂分为全补偿简单链型悬挂和全补偿弹性链型悬挂两种形式。这两种悬挂的主要区别在于定位点处有无弹性吊索。全补偿简单链型悬挂因支柱定位点处无弹性吊索，容易在定位点处出现硬点，产生弹性不均匀的现象，弹性不均匀系数在30%以上，但安装调整较为简单，便于维护。全补偿弹性链型悬挂在定位点处安装有弹性吊索，定位点处弹性好，弹性不均匀系数在10%以下，适合行车速度较高的线路，但安装调整较为复杂。典型单链型接触悬挂示意如图1-24所示，全补偿弹性链型悬挂示意如图1-25所示。

1. 承力索

承力索的作用是通过吊弦悬挂接触线，将接触线的垂直负载传递到腕臂和支柱上，承受接触线的重量，减小接触线的弛度，增加悬挂的稳定性。对于载流承力索，还兼有与接触线并联供电，降低牵引网（接触网）阻抗的功能。因此，承力索应具有良好的机械性能和防腐性能，并且在温度变

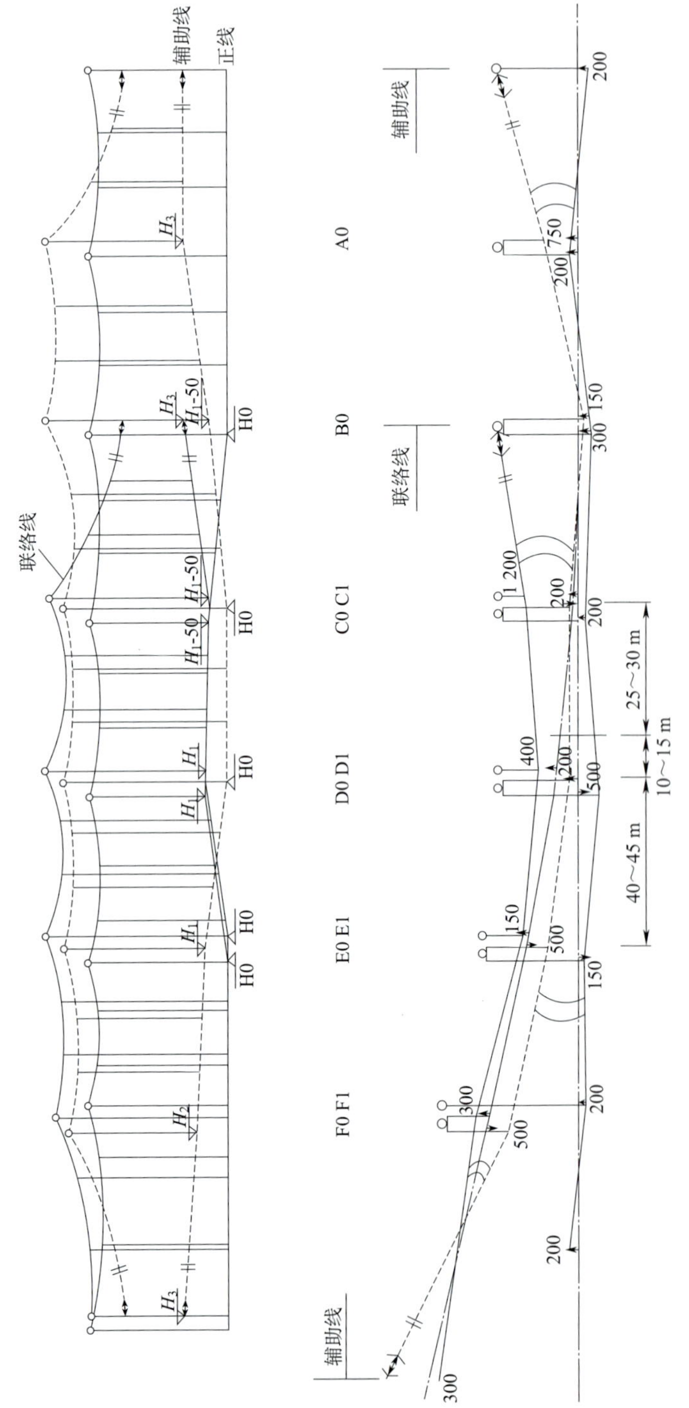

图1-23　42号无交分线岔结构示意（单位：mm）

化时弛度变化较小，载流承力索还应具有良好的导电性能。承力索的型号由补偿张力、是否载流、绞线材质和抗拉强度等技术条件确定。

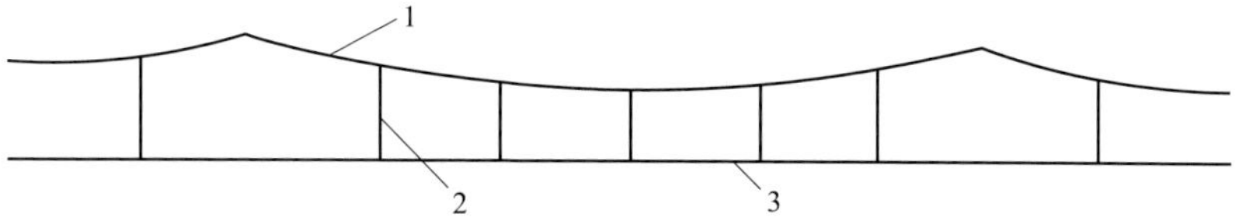

1—承力索；2—吊弦；3—接触线。

图 1-24　全补偿简单链型悬挂示意

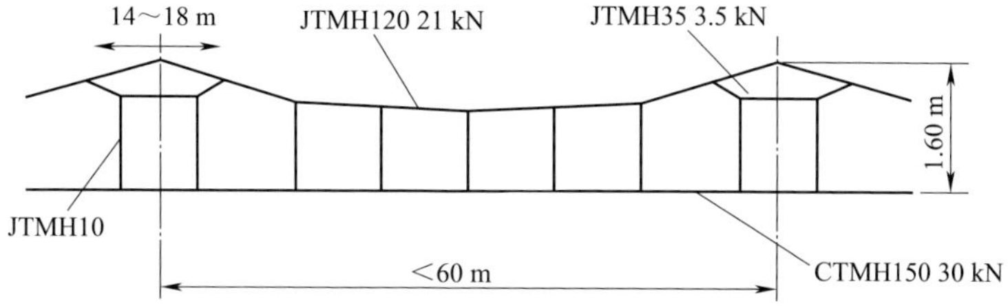

图 1-25　全补偿弹性链型悬挂示意

承力索由单芯多层金属绞线组成，为使绞线结构严密，相邻的两层绕向应相反。这样，在受到弯曲或扭转力时，不易造成散股。

按照材质可以将承力索分为铜绞线、铜合金绞线、热浸镀锌钢绞线、铝包钢绞线、铝芯钢绞线等。

2. 接触线

接触线的任务是安全良好地向电力机车输送电能。接触线既是受电弓的滑道，又是牵引电流的主要承载者和传输者，是电气化铁路的关键产品之一，其机电性能直接影响着接触网的运营质量。接触线和运行中的受电弓滑板直接接触摩擦取流，一旦发生断线事故，将中断铁路运输，造成严重后果。因此，接触线的材质、工艺及性能对接触网起着重要的作用，要求它必需具有抗拉强度高、导电性能好、耐磨、抗腐蚀能力强、使用寿命长、与受电弓滑板具备良好的互润性等优良性能。

接触线按材质分主要有钢铝接触线、纯铜接触线和铜合金接触线三种。

目前我国高速铁路大多采用铜镁合金接触线。接触线制成上部带沟槽的圆柱体，沟槽是为便于安装固定接触线的线夹，同时又不影响受电弓取流。接触线截面形状及识别沟槽配置如图1-26所示。

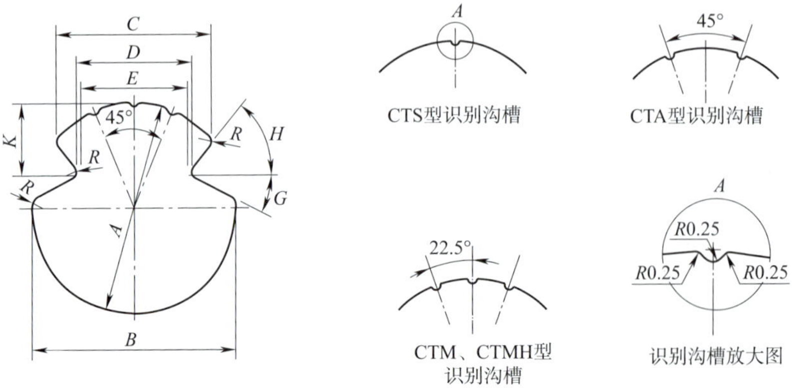

图 1-26　接触线截面形状及识别沟槽配置

3. 吊弦

吊弦是接触悬挂的重要部件，由承力索吊弦线夹、吊弦线、接触线吊弦线夹等部件组成。吊弦将接触线吊挂在承力索上，调节接触线的弛度和高度，改善接触悬挂弹性，提高接触网的集流质量，载流吊弦还是载流承力索和接触线的电气并联线。吊弦按照结构主要分为环节吊弦、整体吊弦等类型。高速铁路接触网主要采用整体吊弦，如图1-27所示。

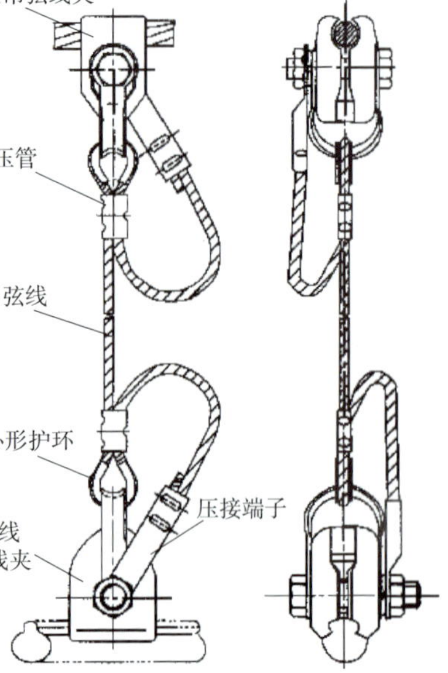

图 1-27　整体吊弦示意

1.2.1.9　接触网电分相

1. 电分相结构

接触网电分相一般设置在牵引变电所和分区所出口处，两供电臂交界处，铁路局分界处。具体位置应充分考虑线路、列车运行方式、调车作业、供电线路分布、进站信号机位置等条件。距进站信号机500 m的范围内不得设电分相，6%以上的坡道区不得设电分相。因客观原因确实无法满足上述要求时，应根据线路通行的电力机车功率、牵引质量和线路坡度等条件进行技术校验，确保列车不会停滞在接触网无电区内。

为避免分区所开关设备承受线间电压，两相邻变电所之间的接触网宜采用同一相序电源供电。

电分相无电区的设置必需满足列车因故停车时，机车受电弓不能处于电分相无电区内；列车因故停车启动后，应能保证列车具备足够的动能闯过无电区。

《高速铁路设计规范》规定，高速铁路接触网采用绝缘锚段关节式电分相结构。绝缘锚段关节式电分相结构，即由三跨、四跨、五跨绝缘锚段关节的不同组合形成分相区。

我国高速铁路接触网常用电分相结构主要有六跨、七跨、八跨、九跨、十二跨、十六跨。根据电分相结构的断口数量，可分为两断口和三断口两种形式。

绝缘锚段关节式电分相结构形式多样，各种结构在实际工程中均有应用，具体工程采用何种结构经供电、行车检算确认，尽量减小对列车通过速度和运行时间的影响；尽量减小接触线坡度变化对受流的影响。

我国高速铁路接触网工程中，应用较多的是六跨、七跨两断口和八跨三断口分相结构，六跨关节式电分相平面布置如图1-28所示。

2. 自动过分相技术

车载自动断电过分相装置的系统结构由安装于电分相区的四个地面感应器、安装于机车底部的车载地面感应信号接收器、安装于机车室内的控制系统和安装于司机室的信号指示系统四个部分组成。

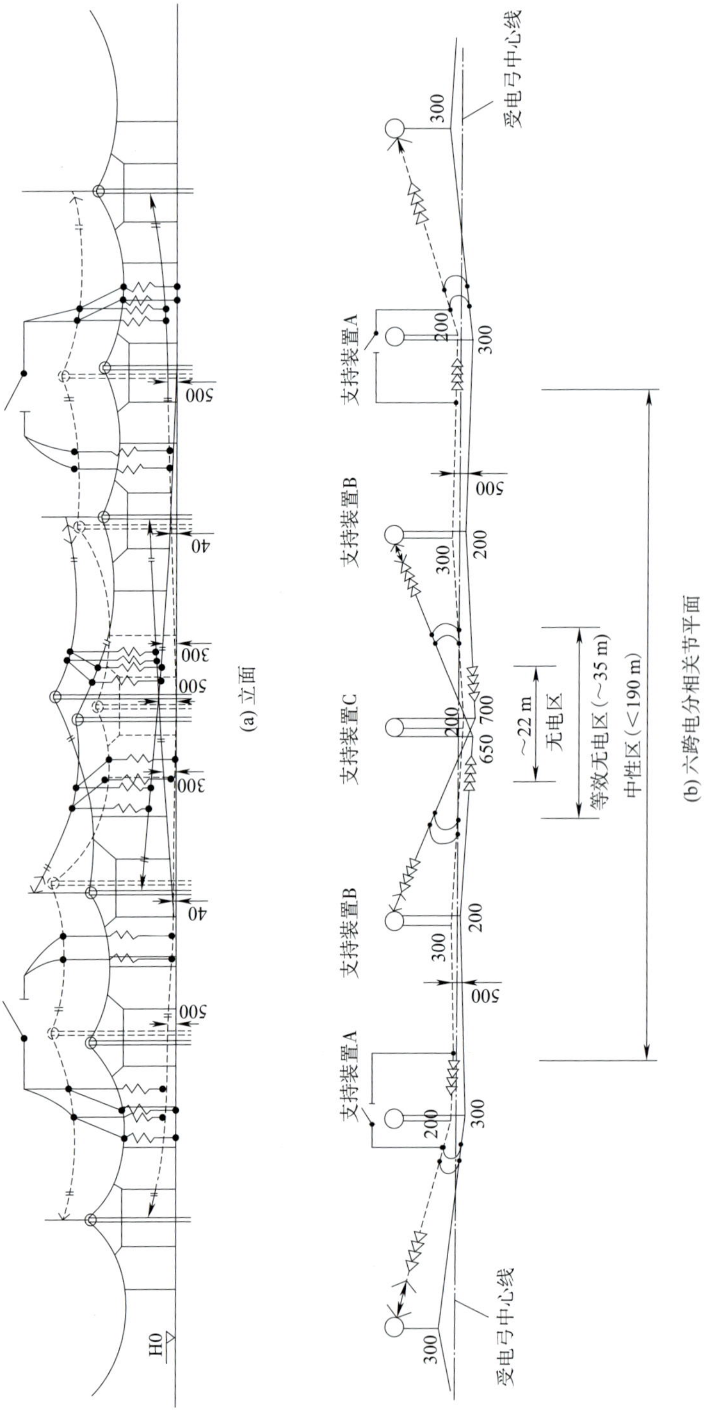

图 1-28　六跨关节式电分相平面布置（单位：mm）

地面感应装置是嵌入专用轨枕里的永久磁铁，其布局如图1-29所示，图中1号地面感应器为预告信号感应器、2号地面感应器为强迫（反向为恢复）感应信号感应器、3号为恢复（反向为强迫）号感应器、4号为反向预告感应信号感应器。

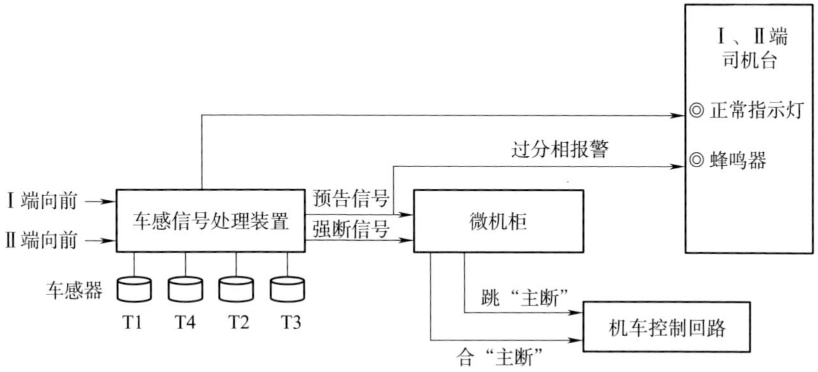

图 1-29　车载自动过分相系统结构

地面感应信号接收器是安装在电气列车转向架上，通过感应地面感应装置完成列车定位和过分相动作触发。

控制系统由系统信号处理单元和控制单元组成，通过分相区后，根据接收到的定位信息，控制闭合主断路器和控制牵引电流平稳上升。

信号指示系统由安装于司机控制室内的一个故障指示灯和一个接收到预告信号指示的蜂鸣器组成。灯光信号用于显示整个系统的运行情况，蜂鸣器用于指示接收预告信号的状况。车载自动过分相系统地面感应器布置示意如图1-30所示。

1.2.1.10　附加悬挂

牵引供电系统的供电方式不同，接触网附加导线也不同，电气化铁路牵引供电系统常用供电方式主要有AT供电和直供加回流线两种供电方式，这两种供电方式的附加导线包括供电线（F线，又称为馈电线）、回流线（NF线）、吸上线、加强线、负馈（AF）线、保护（PW）线、架空地线、架空避雷线等。附加导线大多采用铝绞线、钢芯铝绞线和铜绞线。

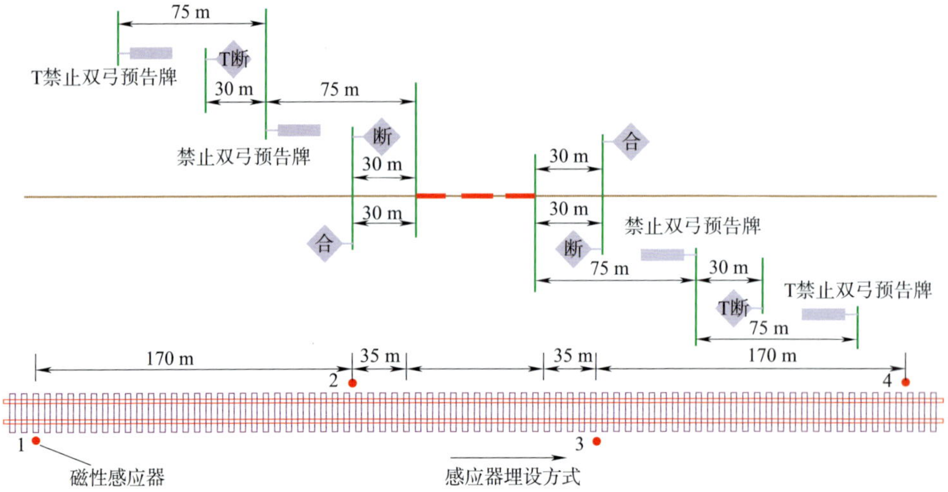

图 1-30　车载自动过分相系统地面感应器布置

1.2.1.11　接触网零件

接触网零部件按主要用途可分为悬吊零件、定位零件、连接零件、锚固零件、支撑零件、电连接零件、接地零件、隧道用零件等。

1. 悬吊零件

用于悬吊线索及杆件的零件，主要包括整体吊弦装置、承力索座、杵座鞍子、承力索吊弦线夹、接触线吊弦线夹、悬吊滑轮、定位环线夹、吊环、长吊环、横承力索线夹、双横承力索线夹、耳环杆、中心锚节线夹、承力索中心锚结线夹等。

2. 定位零件

用于固定接触线的零件，主要包括定位线夹、限位定位装置、定位器、软定位器、T型定位器、支持器、长支持器、线岔等。

3. 连接零件

起连接作用的零件，主要包括连接器、定位环、长定位环、套管双耳、接触线及承力索接头线夹等。

4. 锚固零件

用于接触网终端各线索锚固的零件，主要包括双耳楔形线夹、杵座楔形线夹、接触线终端锚固线夹、承力索终端锚固线夹、UT型楔形线夹等。

5. 补偿零件

用于线索下锚和张力补偿的零件，主要包括滑轮组补偿装置、棘轮补偿装置、弹簧补偿装置、坠砣、坠砣杆等。

6. 电连接零件

用于组成支撑装置的零件，主要包括坠砣压管、旋转腕臂底座、特型旋转腕臂底座、单腕臂上底座、双腕臂下底座、腕臂、腕臂支撑、定位管、定位管支撑、杵环杆、调节板、软横跨固定底座等。

7. 接地零件

用于固定接地连线、接地线或接地电缆的零件，主要包括接地线连接线夹、接地线夹等。

8. 隧道用零件

用于隧道内接触网安装或装配用的零件，主要包括水平悬挂底座、防腐型调整螺栓、悬吊滑轮支架、隧道用悬吊滑轮、可调整底座、弓形腕臂、吊柱、固定底座、隧道用非限位定位装置、隧道用限位定位装置、重型锚臂装置、拉线底座、拉杆、转向轮、限制架等。

1.2.2 接触网几何特性

受电弓的工作范围及弓头的几何外形是确定接触线空间位置的重要依据。对受电弓与接触网相互作用的基本要求：接触线在充当配电线路的同时又是受电弓的滑道，只有接触线不离开受电弓的工作范围才能使弓网系统顺利运行。

1.2.2.1 拉出值

为实现滑板和接触线的良好接触并降低磨耗，接触线必需沿受电弓滑板周期性往复运动。在直线区段，定位点处接触线相对于受电弓中心线的横向偏移称为之字值；在曲线区段，定位点处接触线相对于受电弓中心线的横向偏移称为拉出值。之字值和拉出值统称为拉出值。

合理的拉出值应使滑板磨耗均匀，定位器受力和坡度合理，在任何情况下受电弓都不会脱落接触线。拉出值过大，存在脱弓危险，且定位器受力过大、定位器坡度变小。拉出值过小会使滑板中部磨耗加剧、还可能造成定位器卸载，在风负载作用下引起定位器损伤。

我国电气化铁路直线区段接触线的拉出值一般取为200～300 mm；曲线区段接触线拉出值计算公式为

$$a=m+c \tag{1-1}$$

式中 a——定位点接触线拉出值，mm；

m——定位点接触线在轨平面内的投影与线路中心线的距离，mm；

c——受电弓中心偏离线路中心的水平距离，mm。

显然，在直线区段，$a=m$；曲线区段，当定位点的投影位于线路中心线与曲线外轨之间时，m为正值；当定位点的投影位于线路中心与曲线内轨间时，m为负值，如图1-31所示。

受电弓中心偏离线路中心的水平距离按式（1-2）计算。

$$c=\frac{h\cdot H}{L} \tag{1-2}$$

式中 h——曲线外轨超高，mm；

H——测量点接触线至轨面的高度，mm；

L——测量点的轨距，mm。

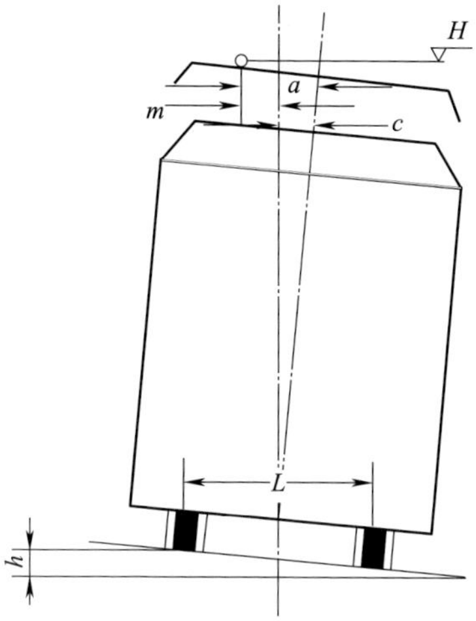

图 1-31 曲线区段拉出值计算示意

1.2.2.2 接触线磨耗

接触线与受电弓滑板的机械摩擦产生磨耗。接触线与滑板间的工作面，在电气侵蚀、空气中的化学腐作用下，会产生明显的磨蚀现象。

磨耗关系到接触网的机电安全，是决定接触网使用寿命的重要因素之一（另一个重要因素是疲劳破坏）。

《牵引供电设计规范》规定，铜及铜合金线在最大允许磨耗面积（标称截面积的20%）时，其机械安全系数不应小于2.2；接触线磨耗或损伤后不能满足规定的机械强度安全系数或不能满足该线通过的最大电流时，则应更换新线。对于200 km/h以上接触网，在一个锚段内接触线不允许有接头。

1.2.2.3 接触线高度

接触线标称高度是指定位点处接触线至轨平面的垂直距离，简称导高。导高是弓网耦合的重要几何参数之一，取决于受电弓的安装高度、有效工作范围、动态最大抬升量，运输货物限界，隧道及建筑物限界，最小绝缘间隙等。合适的导高能确保受电弓与接触线的可靠接触，并避免产生电弧。

《铁路技术管理规程》规定，我国普速铁路接触线距钢轨顶面的高度不超过6 500 mm，在区间和中间站不小于5 700 mm（旧线改造不小于5 330 mm），在编组站、区段站和个别较大的中间站站场，不小于6 200 mm，站场和区间宜取一致，双层集装箱运输的线路，不小于6 330 mm；高速铁路的接触线高度一般取为5 300 mm，接触线最低高度为5 150 mm。

1.2.2.4 接触线坡度

接触线坡度是指两相邻定位点的接触线高差与该两定位点间的距离（跨距）的比值，一般采用“‰”表示。接触线坡度及其变化率是影响受电弓高速运行的重要因素之一，速度越高，接触线坡度及其变化率就应越小。

列车通过铁路轨道变坡点时，将产生不利于列车运行的车辆振动和局部加速度，因此，轨道纵断面上的变坡点处不允许形成折线，而应采用竖曲线。与轮轨关系类似，接触线的高度发生变化（如接触线在低净空立交桥下通过）时，变坡点处接触线高度应以缓和曲线形式过渡，即接触线的坡度不允许从0（即接触线平行于轨面）突然转换到某个较大的坡度值。因此，变坡段接触线高度设计和吊弦长度施工计算时，必需满足设计时速200～250 km接触线坡度不得大于1‰，坡度变化值不得大于0.5‰；设计时速300 km以上接触线坡度为零的规定（锚段关节除外）。

1.2.2.5 结构高度

结构高度系指链型悬挂在支柱悬挂点和定位点处，承力索与接触线工作面之间的垂直距离。合理的结构高度应使接触网的动态特性、工程造价和可维护性相互兼顾，综合考虑最短吊弦长度、支柱高度、悬挂类型、调整范围、维修等确定结构高度值。

由于接触线高度是随温度变化而变化的，而承力索悬挂高度不受温度影响（忽略偏转造成的影响），因而在不同温度条件下，结构高度的具体数值是不同的，设计中的结构高度系指接触线无弛度时承力索与接触线工作面间的垂直距离。吊弦长度计算中使用的结构高度应以接触线无弛度时的标称值为准。

1.2.3 接触网静态弹性

在单位抬升力作用下，接触线所产生的抬升量称为接触网的静态弹性，从工程角度讲接触网的静态弹性也可定义为在受电弓抬升力作用下接触线所产生的抬升量。

$$e_x = \frac{\Delta h}{p} \tag{1-3}$$

式中 e_x——接触悬挂某处的弹性，mm/N；

Δh——在受电弓抬升力作用下，接触线产生的抬升量，mm；

p——受电弓作用于接触线上的抬升力，N。

确定弹性的方法有弹性计算法、静态测量法及动态实测法三种。悬挂弹性的大小对受电弓的平稳运行和接触网使用寿命都有重要影响。弹性过大势必引起接触网振动加剧，影响集流的稳定性和受电弓的追随性；弹性过大势必造成受电弓抬升过大，导致受电弓碰打定位装置，引起弓网事故；弹性过大势必造成接触线产生较大弯曲，使接触线易于疲劳，使用寿命缩短。相反，弹性过小则会增大滑板和接触线的机械磨耗，使受电弓产生高频振动，同样影响弓网的运行平稳性和使用寿命。

衡量接触悬挂弹性好坏的有弹性的大小和弹性均匀度两个技术指标，前者取决于接触悬挂综合张力（承力索和接触线张力）之和，后者取决于悬挂结构、悬挂类型和附在接触线上集中荷载的集中程度。

接触悬挂的弹性是不均匀的，这种不均匀可用弹性差异（不均匀）系数μ表示。弹性差异系数综合反映了统计区段内接触悬挂的弹性分布情况。弹性差异过大，会使受电弓产生一个附加的上下方向的振动惯性，影响弓网接触力和集流稳定性，因此，接触悬挂应有较小而且均匀的弹性。

表1-1为实际工程计算得到的高速铁路接触网弹性最大值、弹性最小值与弹性不均匀系数。由表1-1可知，接触网弹性较小并不意味着弹性不均匀系数就小，接触网的弹性和弹性不均匀系数与接触线截面、线索张力、结构高度、预弛度及有无弹性吊索有关，也与接触网的施工精度有关。

表 1-1　高速铁路接触网弹性最大值、弹性最小值与弹性不均匀系数

弹性及弹性差异系数	E_{max}/（mm·N^{-1}）	E_{min}/（mm·N^{-1}）	μ/%
京津城际	0.296 7	0.131 9	38
武广高速	0.300 4	0.243 4	10
郑西高速	0.304 9	0.247 3	10

1.2.4　接触网动态特性

接触网的动态特性包括固有特性、动力响应以及稳定性等。

接触网的固有特性是指接触网的各阶固有频率、模态振型以及阻尼。在受电弓振动作用下，接触网将产生受迫振动，对受迫振动的响应进行计算，控制接触网的振动在允许范围内。接触网在外部激励作用下可能产生自激振动，自激振动是一种不以外部激励为必要条件，而主要由接触网的动态特性所决定的运动，如接触网线索的舞动。

1.2.4.1　振动与波动

弓网系统具有弹性和惯性，受电弓向具有弹性的接触网施加抬升力时，接触线会偏离其原始位置，产生的回复力又促使弓网系统返回平衡位置。具有惯性的弓网系统在返回平衡位置的过程中积累了动能，从而使系统越过平衡位置向另一侧运动。弹性和惯性的相互影响导致弓网系统产生振动。

振动沿接触网传播形成波动，在振动波的传播过程中，虽然波形沿接触网由近及远地传播着，但参与波动的质点只是在自己的平衡位置附近作上下振动，并没有随之远离，质点的振动方向与波的传播方向相垂直，这种波称为横波。波动是接触网整体表现的运动状态，对于接触网的任何单个质点，只能说该质点是否振动，并无波动可言。

1.2.4.2 波动特性

在受电弓作用下形成的波沿接触线向两个方向传播，这种传播情形可用波动传播速度、增强因素、反射因素、多普勒因素、无量纲系数等性能指标来描述，这些性能指标是高速铁路接触网的性能控制参数。

波动速度是弓网集流理论的重要概念，是指两端加有张力的线索，在静止条件下对其施加一个垂直向上的冲击力后，线索振动横波沿线索传播的速度。波动传播速度的理论计算为

$$v = 3.6\sqrt{\frac{T_j}{m_j}} \tag{1-4}$$

式中 v——接触线波动速度，km/h；

T_j——接触线补偿张力，N；

m_j——接触线单位质量，kg/m。

波动速度是弓网系统电能传输的物理限量，它决定了接触网的高速集电特性，改善弓网高速集电质量的重要技术措施之一就是提高接触线的波动速度。提高接触网（线）波动速度常用的方法就是提高接触线的补偿张力、降低接触线的单位质量，但大张力的施加，使接触悬挂及其支持设备承受很大的机械负荷，对零部件及线索的制造材料和工艺提出了更高的要求。大量运行实践表明，电气列车最高运行速度v_{max}不超过接触网（线）波动传播速度的70%时，受电弓与接触网可以实现安全接触。

沿接触线传播的横波遇到障碍物（如集中质量、吊弦等）时会产生反射现象。在悬挂质量和波动速度确定不变的情况下，振动频率越小，反射越小，振动频率越高，反射越强。集中质量犹如一个固定点将接触线固定，入射波达到此点将被全部反射回去。当振动频率一定时，降低集中质量点的质量、提高接触线波动传播速度有利于减小波的反射。反射系数是接触

网的质量特性，当承力索的单位长度质量和张力低于接触线的单位长度质量和张力时，反射系数就小。

接触网除存在反射现象外，还存在多普勒现象，即在运动的波源前面，波会被压缩，波长变短、频率变高；在运动的波源后面，波长变长、频率变低。波源的速度越高，所产生的多普勒效应就越大。由于多普勒现象，受电弓沿接触网高速运行时，高速运行的受电弓、弓网振动（波源）和振动着的接触悬挂（振动波）之间形成了非常复杂的振动状态。

1.2.5　接触网电气特性

1.2.5.1　牵引网中的谐波和负序特征

1. 谐波特征

交—直型机车产生的谐波是3、5、7等奇数次谐波，其中3次谐波含有率最大，最大可至18%～22%，随着谐波次数的增大，谐波含有率快速衰减，15次谐波已降到1%；交—直—交型电力机车低次谐波含量较低，但谐波频谱较宽，含有一定量的高次（几十倍于基波频率）谐波电流成分，谐波电流总量相对较小。一般稳态情况下的总谐波电流畸变率达到5%左右，而在调节过程中（启动、爬坡、制动等）会有更大的谐波出现。由于高速铁路的系统接入点短路容量较大，谐波电流引起的谐波电压畸变率相对较小。

普通电气化铁路各次谐波的初相角几乎都可在复平面的0°～360° 之间随机分布，3次、5次、7次在0°～90°，11次、13次在0°～270°，大于13次的在0°～360°。

电气化铁路馈线谐波具有幅值随机剧烈波动性和在一定时间段内的周期性，这可从谐波概率分布曲线得知，电气化铁路谐波电流峰值的持续时间不会超过0.5 min，概率和为95%所对应谐波电流每次出现的平均持续时间约为3 min，其与日馈线谐波电流方均根值的比值，复线约为1.5，单线约为2.5：日无电概率：复线约为10%，单线则可达50%左右。同时，由于电气化铁路谐波具有三相不对称性，电气化铁路谐波与同等评价谐波水平的一般电力谐波相比，对电力设备的发热影响要小。

牵引变电所的馈线谐波电流经牵引变压器的合成和变换，从110 kV或220 kV（330 kV）电压级的公共连接点注入电网，并在该点产生一个总谐波电压畸变率，然后向更高电压等级的电源方向和中低压等级的配电支路传输。在不发生谐振的情况下，从110 kV到低电压的谐波传输系数为07～0.8，所以，电气化铁路对中低压等级的电气设备的影响是间接和逐级减小的。绝大多数的电力谐波都是从10 kV或0.38 kV电压等级注入公共连接点,直接对中低压电气设备产生影响。

2. 负序特性

单相工频交流电气化铁路与三相电力系统的拓扑结构不对称，加之单相负荷的独立性和随机性，使其返回系统的负序问题颇为复杂。

设$Z_$为公共连接点与电源间联系阻抗（短路阻抗）的基频负序阻抗，Z为公共连接点与电源间联系阻抗的基频正序阻抗，公共连接点与电源间联系阻抗的正序阻抗和负序阻抗相等，用负序电流乘以负序阻抗，可得到负序电压的计算公式（1-5）：

$$U\_ = \sqrt{3} I\_ |Z\_| = \sqrt{3} I\_ \frac{U^2}{S_k} \tag{1-5}$$

式中 U——母线电压；

S_k——公共连接点（PCC）处的短路容量。

根据负序电压可计算出电压不平衡度计算公式：

$$\mathcal{L}_U = \frac{U\_}{U} = \frac{I\_}{I_K} = \frac{\sqrt{3} I\_U}{S_K} \times 100\% \tag{1-6}$$

因此，只要知道电气化铁路牵引供电系统的公共连接点处的电压等级、短路容量和负序电流,就可以知道公共连接点处的电压不平衡度。

1.2.5.2 牵引负荷对电压的影响

电力牵引负荷易造成电网电压的波动和偏差。由于列车牵引功率时常剧烈变化（加速、恒速、惰行、制动、坡道、弯道、站场、道岔、自然气候、司机操作），常常会在很短时间内由零变到满负荷或者相反，而且这种波动及其发生时间都是随机的，也就是说，牵引负荷是随机波动的，牵引电流很难保持平稳。

负荷的波动及其伴随的较大的无功冲击，牵引变电所及接触网上的电压发生波动，对电网及牵引供电系统本身造成不良影响。特别是电气列车过电分相产生的暂态过程可能会对公共连接点的电能质量造成影响。如果在牵引变电所的公共连接点有其他负荷,则这些负荷会受到电压波动的影响。

很多情况下，牵引系统自身是电压波动的最大受害者。当电压波动范围较大时,可能导致牵引网的低压过流保护动作，严重情况下牵引变压器因低压过负荷而跳闸，影响到铁路的正常运行。由于牵引负荷剧烈变化造成的电压突变对采用电压突变量作为启动元件的保护也会造成影响。对电压突变量启动元件的影响程度取决于突变量是否达到启动元件的定值，这与同一供电区域中同时运行的列车数有关，需要用这些列车同时启动造成的电压突变量的大小来校核相应启动元件的定值。同一牵引供电臂上一列机车过分相后牵引运行另一列机车从惰性转为牵引运行，相当于有两列机车同时牵引，此时造成的电压波动最大，将引起向该供电臂供电的高压侧两相的电压波动。

电气列车在运行中，需要克服轮轨摩擦阻力、线路坡道阻力和空气阻力前进，列车高速运行时，空气阻力与速度的平方成正比，空气阻力成为列车运行的主要阻力，需要持续从接触网取得电能，此时列车负载率高，受电时间长，机车所需牵引功率大幅增加。特别是在早、晚时段和节假日的高峰客流期，需要组织大编组、高密度的运输,甚至在短时形成紧密追踪，这将造成公共连接点的电压偏差问题。

电压偏差不仅使牵引变压器等供电设备的能力得不到充分利用，还会对电力系统产生如下影响：

（1）降低发电机组的输出能力和输变电设备的供电能力，使电气设备的效率降低，发电和输变电的成本提高。

（2）增加输电网络中的电能损失。无功电流的引入增大了网络中的传输电流，网络中的电能损失与电流的平方成正比，由此增大了网损。

（3）增加了输电网络中的电压损失，往往造成用户的供电电压不足。

电压损失与电流成正比，如果功率因数低于规定值，在输送同样的有功功率情况下，视在功率要增大，与此相应的电流随之增大，从而输电网络中的电压损失增大。

电气列车牵引电机具有额定电压，当牵引网电压下降到某种程度时，即使电气列车的调速手柄提到最高位，也不能使牵引电机的端电压达到额定值，电气列车就不能以正常功率运行，辅助机组不能正常工作,在再生制动时很容易造成逆变失控。这时，牵引网电压降低就影响到机车功率的正常发挥。

1.2.5.3　接触网的载流容量

为适应高速牵引所需的接触网能长期正常工作的需求，接触网必需具有足够的稳定的电气承载能力，这一能力称为接触网的载流容量，即接触网的热负荷容量。可以用持续载流容量来表征接触网的耐热稳定性。

1. 架空接触网的载流量

架空接触网的额定载流量是指单条导线或接触网，在给定的环境温度和风速下能够持续传导的最大恒定电流，并且不超出最大允许温度。

架空接触网的总载流容量I是在限定状态下流经接触线、承力索及平行馈电线路的电流的总和，计算公式见式（1-7）：

$$I = I_{CW} + I_{CA} + I_{FL} \tag{1-7}$$

式中 I_{CW}——接触线载流容量，A；

I_{CA}——承力索载流容量，A；

I_{FL}——平行馈电线路载流容量，A。

接触网的总载流容量I是由其首先达到热极限的组件决定的。在总电流中各部分所占比例由其感应耦合决定。

2. 短时载流量和基准强度

短时载流量$I_F(t)$用来描述最大电流，即不允许接触网任何载流组件在给定的短时间段内超出允许温度极限或达到不良状态。短时载流量也叫过负荷状态。

对高速铁路而言，恰当的做法是在一个基准负荷变化上将载流容量模式化，而基准负荷变化的确定可采用等效持续负荷曲线用此法确定的载流量就是用时间衡量的载流量,命名为基准强度$I_F(t_C)$。

3. 短路载流容量

短路载流容量又称短路容量或短路额定容量，是架空接触网热设计的重要依据之一。假如将外部源施加的热量值忽略不计，并设定由于短路电流的急剧上升，没有热量从导线中散发出来，那么短路事故的全部能量将去加热导线。

1.2.5.4 接触网的电磁干扰与防护

牵引供电系统是以大地和钢轨作为电流回路的电气网络，属于典型的非对称性电路，如果不采取相应技术措施，接触网的电磁场将对处于其影响范围内的电气电子设备、通信设施、人员产生影响。

为降低钢轨电位、减少电磁影响，常在牵引网中分别增设架空回流线、同轴电力电缆、吸流变压器、自耦变压器等导线或设备，由此形成了牵引供电系统的不同供电方式：直接供电（DR）、带回流线的直接供电（DRR）、同轴电力电缆供电（CC）、吸流变压器供电（BT）和自耦变压器供电（AT）。高速铁路牵引供电系统主要采用DRR供电方式和AT供电方式。

DR供电的基本原理：牵引电流流经馈线、接触网、电气列车后，由钢轨和大地流回牵引变电所，钢轨是回流的主导体，但钢轨与大地间的电阻较小（10 Ω以下），且钢轨存在纵向电阻，导致30%～40%的回流流入大地形成地回流。

DRR供电的基本原理：增加回流线后，50%～55%的牵引回流经回流流回牵引变电所，25%～35%的牵引回流经钢轨流回牵引变电所，15%～20%的牵引回流经大地流回牵引变电所，可见，轨回流和地回流减少了一半多，轨电位和牵引网阻抗都得到有效降低。

BT供电方式原理：原边线圈串接在接触线中，次边线圈串接在回流线中，在两台BT的中间用吸上线将钢轨和回流线相连。由于BT原、次边线圈间的电磁耦合作用，钢轨中的牵引回流被迫流向回流线，使回流线中的电流大小与接触线中的电流大小基本相等，接触网的电磁干扰和钢轨对地电位得到有效改善。

但BT供电存在半段效应，且会增大牵引网阻抗，供电臂末端电压偏低，牵引变电所间距偏小，增大电化工程投资。

AT供电方式的牵引网电压为55 kV或2×27.5 kV，接触网绝缘水平无须提高，但牵引网电压比其额定电压27.5 kV提高1倍，AF线的并入又使牵引网阻抗减少，因此，在相同牵引功率条件下，AT供电的供电距离约为直接供电的1.7～2倍，BT供电的2～3倍，这可使变电所数目大为减少，变电所选址更方便灵活，外部电源配合更容易，接触网电分相数也得以减少，列车运行的平稳性增加。

AT供电方式中的自耦变压器并联在牵引网中，而不像BT供电方式中吸流变压器绕组串接在接触线上，避免了BT供电中每一个吸流变压器安装必需的电分段，从而大大提高了供电的可靠性，减少了维护与检修的工作量。

由于AT供电的诸多优点，因此，高速电气化铁路和电磁防护要求较高的城市以及重点区段的电气化铁路一般均采用AT供电。

在AT供电系统中，理论上，AT供电通过一个有源回路（负馈线和自耦变）向牵引回流提供路径，在自耦变压器的负载区域外应无电流流经钢轨，实际上，由于自耦变压器间的距离较大（10 km左右），当列车在两个自耦变压器之间运行时，仍将有约10%的回流流经钢轨和大地。因此，牵引回流依然存在于所有的AT区段中（与其他几种供电方式比较已大大减小了），另外，在牵引供电网络短路时，自耦变压器的短路电流很大，需采用较为复杂的保护措施，从而增大了投资和运营成本。

1.2.5.5 接触网的绝缘

接触网属于高电压设备，带电体之间、带电体与非带电体之间必需做好电气绝缘，确保在设计条件下的设备和人员安全。电气绝缘是指使用不导电物质将带电体与其他物体作电气上的隔离，以起保护和电气分隔作用的一种安全措施。接触网中应用最多的不导电物质是空气绝缘间隙和绝缘子。

接触网带电体与接地体（包括大型建筑物、机车车辆、扩大货物等）之间的绝缘距离称为绝缘间隙。绝缘间隙是接触网绝缘配合的重要内容，应科学合理地取值，取值过大，必然会提高电器设备的耐压等级及水平，造成投资过大；取值过小，必然会招致绝缘间隙的频繁击穿，影响接触网的正常运行。实际工作可参考表1-2取值。

表 1-2 空气绝缘间隙 mm

序号	项目		正常值	困难值
1	绝缘锚段关节两悬挂点间隙		450	—
2	同回路负馈线带电体距离接触悬挂或供电线带电体间隙		550	450
3	25 kV带电体距固定接地体间隙		350	300
4	25 kV带电体距机车车辆的间隙		350	—
5	受电弓振动至极限位置或导线被抬起的最高位置距离接地体的瞬间间隙		200	160
6	隔离开关引线、电连接线（包括跨另一支接触悬挂时）及负馈线与供电线跳线距离接地体间隙		330	—
7	在对向风吹，风速为13 m/s时，25 kV带电体与自耦变压器中性段接触线或保护线的间隙		250	—
8	绝缘元件接地侧裙边距接地体间隙（适用于任何高程）	瓷绝缘子	100	75
		复合绝缘子	50	—
9	保护线顺线路距25 kV带电体的间隙		500	—

科学合理的绝缘间隙应能经受住空载条件下的具有脉冲性质的操作过电压冲击，能保证在设计气象条件下接触网状态良好，能保证在运营条件下消除接地零件上发生闪络的可能性。除此而外，还应考虑温度变化、受电弓抬起接触线以及施工误差等原因造成绝缘间隙的变化。在满足上述要求之后，应力求缩小绝缘间隙的数值。

绝缘间隙的确定是建立在试验基础上的。在进行试验时，不仅要考虑绝缘间隙自身的放电特性，还要考虑接触网各绝缘元件的相互配合和工作条件。计算公式为

$$d=0.1+\frac{U}{150} \tag{1-8}$$

式中 d——接触网带电体与接地体之间的绝缘间隙，m；

U——接触网额定电压，kV。

式（1-8）是德国电工学会（VDE）推荐的确定带电体与接地体之间空

气绝缘间隙的经验公式，是经过大量试验得到的,其计算出的单相工频交流25 kV接触网的最小绝缘间隙应为266 mm。当采用空气绝缘间隙作为接触网绝缘时，应考虑各悬挂线索在风和受电弓等动荷载作用下也能满足这一技术要求。

1.2.5.6 接触网的防雷

《铁路电力牵引供电设计规范》规定，应根据雷电日及运营经验，在吸流变压器的原边分相和站场端部的绝缘锚段关节处、长度在2 000 m及以上的隧道两端、从变电所或分区所引出的距离大于200 m的供电线或AF线的上网点处安装氧化锌避雷器、分区所、开闭所、AT所引入线处设置避雷装置对接触网进行大气过电压保护；在强雷区，应设置独立的架空避雷线，架设高度由保护范围计算确定。

《高速铁路设计规范》规定，重污染或重雷区以及高路基、高架桥、隧道口等重点地段的接触网应增设氧化锌避雷器，接触网下锚绝缘子、分段绝缘子采用复合棒形绝缘子等防雷措施；接地装置、接地引下和连接措施应符合系统绝缘匹配、热稳定性校验、机械强度和抗腐蚀等。

氧化锌避雷器具有优异的非线性特性，在正常工作电压下，氧化锌电阻阀片呈现高阻抗状态，流过避雷器的电流只有微安级。当遭遇雷电过电压时，氧化锌电阻阀片处于导通状态流过避雷器的电流可达数千安，迅速将强大的雷电流释放到大地，消除雷电过电压对接触网的破坏作用。除此以外，氧化锌避雷器还具有通流能力大、残压低，无火花间隙、可直接与接触网并联,结构简洁、质量轻、体积小、动作快、耐污性好、运行维护方便等优点。

1.3 受电弓

受电弓是指安装在电气列车上的，从一根或n根接触线上集流的专用设备。运行中的受电弓全部或部分带电，用于建立电气列车与接触网的电接触。

1.3.1 受电弓基本结构

受电弓由弓头、框架、底架和传动系统等4个基本部分组成。常用单臂受电弓的结构如图1-32所示。

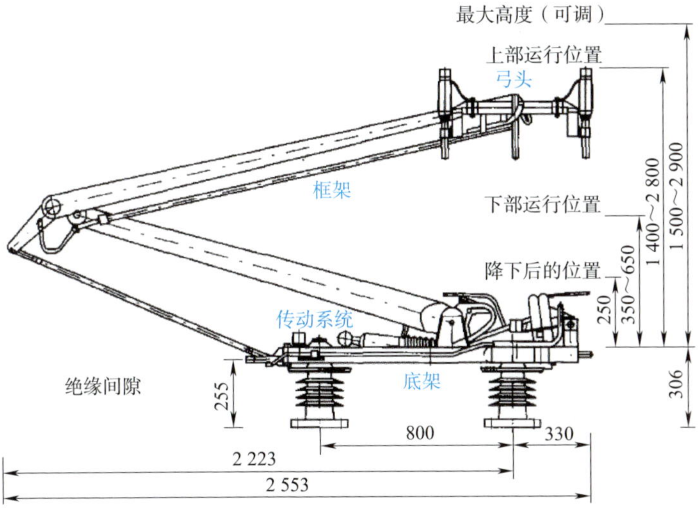

图 1-32 受电弓基本结构（单位：mm）

弓头主要由滑板、弓角及弓头支持装置等部分组成。滑板是受电弓的集流元件，容易磨损，且工作条件非常恶劣，除承受正常的机械摩擦和电气磨损外，还要承受可能的机械冲击与强热流侵蚀。

框架是能使弓头相对于受电弓底架在垂直方向运动的铰接结构，用来支持弓头重量和传递受电弓的静态接触力。框架一般分为上、下两部分，中间用铰链连接。在铰链上方的称为上框架，下方部分称为下框架。

底架是固定受电弓框架的底座，即支持框架的固定部分，安装在受电弓支持绝缘子上。通常要求底架有较强的刚性，底架质量占受电弓总质量的比例较大。受电弓的支持绝缘子是电气列车电气设备中工作环境最为恶劣的绝缘子。

传动系统是用于升起或降下受电弓的系统。我国电气化铁路受电弓的传动系统主要分为弹簧操作式和非弹簧操作式两大类。DSA380型受电弓的气动操作式传动系统属于非弹簧操作式传动系统，升、降动作主要通过空气回路进行控制。

受电弓在运行中会因各种因素造成损伤，为避免受到损伤的受电弓继续运行引起弓网事故或将弓网故障范围扩大，受电弓通常都装有自动降弓装置。当由于各种原因造成滑板上的管道出现漏气并使压力下降时，升弓装置迫使受电弓快速下降。

1.3.2 受电弓几何特性

受电弓的几何特性通过受电弓的工作范围、弓头的几何外形、滑板长度、弓头宽度、受电弓的动态包络线以及弓头的倾斜值等主要参数来表征。

我国规范统一了受电弓宽度和轮廓外形，如图1-33和图1-34所示。受电弓动态包络线即可能达到的最大轮廓线，其范围内不得有任何障碍影响受电弓运行的零部件。

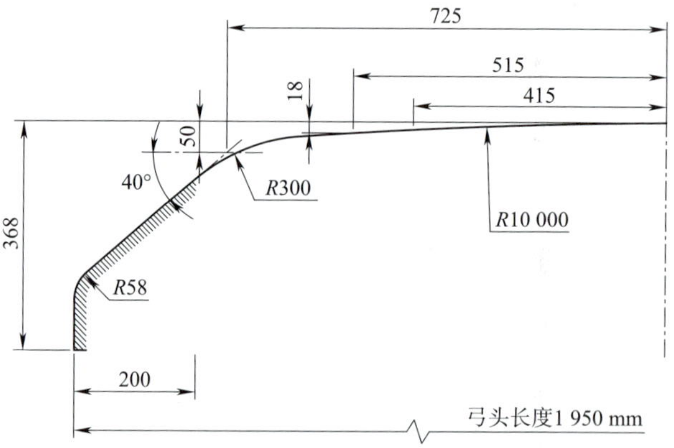

图 1-33　1 950 mm 受电弓弓头几何尺寸（单位：mm）

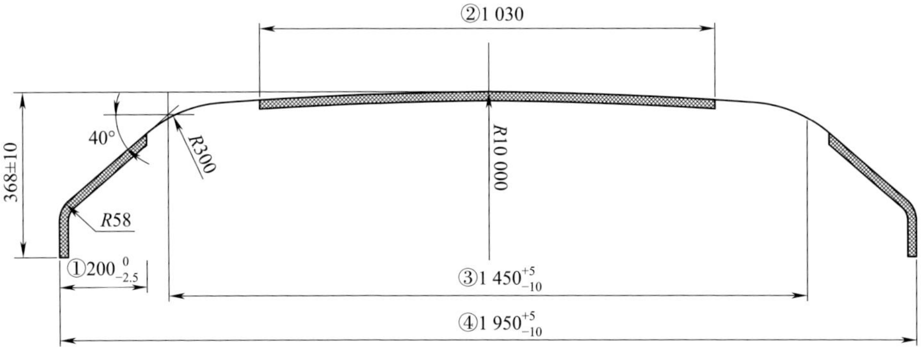

①—绝缘材料制成的弓角（投影长度200 mm）；②—滑板的最小长度；

③—弓头的引导范围；④—弓头长度。

图 1-34 受电弓弓头标准轮廓（单位：mm）

受电弓几何外形越小，对线路的结构限界要求越小，但接触网的跨距就越小；几何外形越大，接触网可以采用的跨距就越大，但对线路的结构限界要求就越宽。

1.3.3 受电弓静态特性

受电弓的静态特性是指受电弓在静止状态下作上下均匀缓慢运动时所表现出的机械特性。

1. 静态抬升力

车辆处于静止状态时，弓头向上施加在接触网上的平均垂直作用力，称为静态抬升力。静态抬升力通常以受电弓有效工作范围内的连续测量的升弓力和降弓力的平均值表示。为避免列车停车时及其附属设备运转引起弓网接触点过热是静态抬升力的取值原则，AC 25 kV供电系统中的弓网静态力采用70 $N^{+20\,N}_{-10\,N}$。

2. 同高度抬升差

为获得稳定的工作条件，在受电弓整个工作范围内上升和下降的抬升力应相等。但受电弓各铰接处的摩擦力会导致上下运动之间存在力差。

同高度抬升力差是指受电弓上升和下降到同一高度时的抬升力之差，该值的大小表征了受电弓各运动铰接部分的摩擦力大小，该力始终与受电弓运行方向相反，起到维持受电弓运行状态的作用。

3. 同向抬升力差

同向抬升力差是指在受电弓工作高度范围内，受电弓上升或下降时的最大静态抬升力差。该值的大小表征了受电弓的总体调整水平。

1.3.4 受电弓动态特性

受电弓是一个具有质量模块、弹性系数、阻尼系数的弹性系统，其动态特性包含了固有特性、动力响应等方面内容。

通常以动态视在质量函数描述受电弓的动态特性。为此，对受电弓施以不同频率的正弦激振力，并测量同一频率下的振动加速度，输入参数与输出参数之比为视在质量，比值的大小与频率相关。在0～70 Hz的频率范围内，视在质量与频率的关系曲线就是受电弓的动态视在质量函数。视在质量函数的目标应是无强烈峰值的平缓曲线。受电弓对激振力的反作用越小，意味着与频率相关的视在质量在共振点与反共振点之间的动力学响应就越显著。

1.4 弓网相互作用

1.4.1 弓网系统

受电弓升起后，滑板与接触线滑动接触，闭合牵引供电回路，使电力机车取得电能，如图1-35所示。

弓网接触及其集流过程非常复杂，在受电弓沿接触线高速滑行的过程中包括复杂振动、复杂碰撞与高速滑动摩擦等多种运动机理及其复合作用。列车高速运行过程中，受电弓滑板会短时脱离接触线形成弓网的可分合接触状态，牵引供电回路处于电气过渡过程，引起诸如过电压、电弧等电气问题。对不同类型和不同时期的接触线，与滑板间存在点、线、面三种接触形式。受电弓和接触网本身是两个独立的机电系统，设备属性和功能属性是分离的。弓网集流问题涉及轮轨、桥隧等诸多方面。

图 1-35　弓头滑板与接触线接触

1.4.2　弓网关系

弓网相互作用过程中，弓和网之间存在几何、电气、机械、材料四大耦合关系，几何匹配关系是弓网安全运行的基础。电气耦合是弓网稳定运行的核心要求，机械（动态）耦合是弓网良好运行的技术关键，材料匹配是弓网运行的物质保障。

1. 弓网几何耦合

弓和网之间的几何耦合是一个立体空域内的几何耦合。接触线在线路上方的几何特征值可用相对于轨道平面的横向与垂向两个方向的参数表征。垂向特征值主要有接触线高度、接触线坡度、接触线在定位点处的抬升等；横向特征值主要有接触线拉出值、侧风作用下的横向偏移值等。

垂向参数应保证受电弓在工作范围内的正常运行；横向参数应确保任何情况下有一支接触线在弓头的工作范围内。垂向参数和横向参数都应保证其稳定性和连续性，确保弓网接触力的稳定，弓网系统的测量数据已经表明，接触线空间位置的不连续性会引起接触力瞬间的较大变化。

除此以外，与弓网几何匹配有关的参数和技术指标还包括定位器坡度、相邻吊弦处接触线高差、弓网始触区、接触线无线夹区、锚段关节处工支与非支的相对位置、受电弓有效工作宽度和长度、受电弓有效工作范围、受电弓动态包络线。

2. 弓网电气耦合

弓网电气耦合是指接触线与滑板之间的电气参数的匹配和电接触状态，可用接触线和滑板的最大允许通过电流、电阻率、接触电阻、散热性能和电磨耗等技术指标来描述，是弓网系统的核心所在。所有改善弓网性能的最终目的都是为实现接触线和受电弓滑板的良好接触，使牵引电流稳定地流过弓网接触点，保证弓网在动和静两种工况下的电气稳定性和合理的电气磨耗。

接触线与滑板之间的电接触表现为直线与平面之间的接触，较小的接触面积是造成电能传输的主要障碍，在所有架空接触网设施的损坏中，有相当比例是因为接触线与滑板间不良电气接触带来的短期热效应造成的。短期热效应在车辆静止不动或缓慢移动但取流较大时或受电弓滑板磨损和损坏时都有可能发生。

3. 弓网机械耦合

机械耦合也叫动态耦合，主要指受电弓与接触网间的机械振动、波动以及机械接触。动态耦合涉及弓网接触力、弓网振动特性、接触网波动特性、离线等。弓网系统的动态稳定性（机械关系）是保证弓网良好接触、同时也是防止事故和故障延长使用寿命的关键所在。

影响弓网动态耦合的因素不仅多而且很复杂，涉及受电弓（包括车辆）、接触网、线路以及环境等四大方面。另外，路基及桥梁特性、接触线和钢轨的不平顺、风速和风向、覆冰等都直接影响弓网系统的振动。

为使受电弓与接触线能良好接触，弓网之间必需存在一定的相互作用力，这种作用力有静态作用力与动态作用力两种表现形式。

静态下的弓网作用力来源于受电弓升弓后对接触线的垂直压力，反映了接触网和受电弓的静态特性。静态作用力越大，滑板和接触线的机械磨耗越大，滑板和接触线的使用时限越短；静态作用力越小，机械磨耗越小，但静态作用力过小不利于受电弓克服风、振动等惯性，难以稳定取流，必然产生不合适的电弧，增大滑板和接触线的电气磨耗，滑板和接触线的合理使用时限也会缩短。

动态下的弓网作用力，表现为运行中的受电弓对接触线的瞬时作用力，反映了受电弓和接触网的动态特性。当弓网动态作用力大到超过一定数值后，一方面造成接触网和受电弓的不合理磨耗，降低其使用时限；另一方面还会引起接触线的过度抬升，加快接触线的机械疲劳，甚至造成弓网事故；当弓网动态作用力低于一定数值后，取流效果下降，甚至引起电弧。

对受电弓而言，由于各种原因（或称激振源），在运行中，特别是在高速运行中，它会产生三个方向上的振动，即上下（铅垂直方向）、前后（顺线路方向）及左右（横线路方向），上下方向称为振动，前后方向称为冲击，左右方向称为摆动。冲击除受接触悬挂的不均质状态影响以外，主要是由于接触悬挂的非正常工作状态引起的，如分段绝缘器及中心锚结的安装达不到技术要求，接触线不平顺，吊弦线夹、电连接线夹倾斜以及定位管坡度偏小等原因。严重的冲击现象不仅破坏正常受流，还是造成打弓及设备破坏的重要原因，是检测的重要参数。

4. 弓网材料耦合

弓网材料耦合考虑两大问题：在高速运行状态下和静止条件下，滑板和接触线的允许载流量和发热量；接触线与滑板间的磨耗特性。

接触线和滑板材料及其耦合应能承载牵引电流及其他附加电流引起的

长期发热不会产生物理性能的改变。具有重量轻、导电性和导热性良好、熔点高、抗冲击、与铜系接触线具有良好互润性的材料是滑板材料的首选，碳滑板已被证明特别适用于铜及铜合金接触线。

影响接触线寿命的因素很多，但滑板对接触线的机械磨耗是最基本的。对接触线的磨耗大小往往成为选择滑板材质的重要依据，具有低磨耗和自润滑性能是对滑板的自然要求。

1.4.3　弓网振动特性

接触网既有均布质量，又有集中质量，锚段长度、跨距、线索张力、结构高度、吊弦布置、线路状态等众多因素组合使接触网呈现为一个复杂的振动系统，受电弓同样是一个复杂的振动系统。

运行中的受电弓激励接触网产生振动，振动波沿接触线传播过程中会产生反射，反射波遇到移动的受电弓会使弓网振动幅度放大，放大后的振动又导致弓网接触力产生增量，受电弓又会把这一增量产生的动能带到接触线上，使接触线的抬升进一步增加。受电弓与接触网的这种动态相互作用与受电弓的运行速度密切相关。随着受电弓运行速度的提高，空气动力也会参与其中，使得有运行受电弓的接触网呈现为一个在未来任一给定时刻均无法准确预测瞬时值、需要采用数理统计方法才能定量描述其运动规律的随机振动。

弓网接触力连接受电弓和接触网两个系统，接触力的大小能直接反映受电弓与接触网机械接触的松紧程度。

为保证向电气列车连续而不间断地供电，受电弓与接触网必需一直保持机械接触，维持恰到好处的机械接触是获得良好电接触的前提。如果失去机械接触，弓网系统就会产生电弧。电弧对环境产生影响，引起干扰并加大滑板和接触线的磨耗但却能保证电力机车取流的持续性，这一特点对移动接触能量的传输非常重要。如果弓网之间的空气间隙增大，电弧熄灭而不能立即复燃，通过电弧传输的电流就会中断，电力机车会因牵引电流切断而失去动力。相反，机械接触也不宜过紧，因为这会为弓网系统带来无法接受的机械磨耗，并使接触线抬升过高，甚至导致受电弓与接触网的金具冲突而发生弓网事故。

弓网接触力是表征弓网系统电气作用、机械作用的核心参数，其变化取决于列车运行速度和弓网系统的相关特性，接触线抬升作为一个二次量又反作用于连续变化的弓网接触力。接触力连接受电弓和接触网两个机械系统，随着列车速度的增加，弓网系统的动态部件对接触力的影响越来越大。为保持受电弓滑板沿着接触线不间断地与接触线接触，接触力的值必需保持在一定范围，即动态范围。

1.5 接触网常见病害及修理

1.5.1 几何尺寸偏差

受电弓与接触网系统运行的可靠性需要二者在几何尺寸方面互相配合，确保滑动接触运行过程中接触线不滑到受电弓工作范围之外，在线岔和锚段关节处受电弓不会钻到工作支和非工作支接触线之间。另外，弓网接触力的测量结果表明，接触线空间位置的不连续通常会导致弓网接触力瞬间出现较大变化，而这种不连续不仅表现在接触线的高度（垂直）方向，也表现在相对弓头中心线的偏移（水平）方向。因此从满足弓网动态特性和运营安全的角度来看，保证接触线处于正确地空间位置十分重要。

1. 拉出值

静态拉出值偏差表现为定位点拉出值超过设计值允许误差范围，成因多为腕臂计算时支柱侧面限界测量错误、外轨超高计算错误或腕臂预配错误。

动态拉出值偏差表现为检测拉出值超过管理阈值，表征为接触线在空间的布置特性，应满足受电弓在正常范围内滑动取流。拉出值偏差成因多位于锚段关节、线岔、小曲线半径等支柱位置，设计在做施工图校核时将拉出值设置得较大，施工或维修后超出允许误差范围，或者曲线上运行的电力机车速度未达到设计速度，车体及受电弓在重力作用下向曲线内侧倾斜造成拉出值偏差过大，也可能发生支柱基础移位、定位器脱落时拉出值变化较大，甚至超出管理阈值。

拉出值偏差可能导致滑动接触运行过程中接触线滑到受电弓工作范围之外，在线岔和锚段关节处受电弓钻到工作支和非工作支接触线之间。拉出值设置不合理还可能导致碳滑板磨损不均、弓角划痕等损害。

2. 接触线高度

静态接触线高度偏差表现为接触线高度超过设计值允许误差范围，成因多为腕臂计算偏差、腕臂预配错误、吊弦计算错误、吊弦预配错误、中心锚节安装不当或弹性吊索张力偏差等。

动态接触线高度偏差表现为检测出接触线高度超出管理阈值，或超过受电弓允许的最大高度，或低于线路允许的最小高度，表征接触线在空间的布置是否满足接触线平顺性要求、是否满足受电弓取流条件或保证电气安全距离的特性。动态接触线高度偏差成因一般是施工、维修不满足验收标准或轨道线路平面发生变化所致，当腕臂装置发生移位时也可能引起接触线高度的变化。

接触线高度偏差可能导致弓网接触压力过大，加剧接触线磨耗和碳滑板磨耗；或弓网接触线压力过小，产生离线火花并加剧接触线电腐蚀；或影响接触线平顺性，进而影响弓网关系和受电性能。

维修方案针对接触网几何尺寸偏差问题，维修重点是找出造成偏差的原因并进行调整，使接触网几何尺寸恢复到原合理状态。

1.5.2 接触线平顺性较差

1. 硬点

接触悬挂的硬点，是接触悬挂不均质状态的统称。如果在接触悬挂或接触线上的某些部分，如在跨距两端的定位点处弹性变差或有附加重量时，在列车高速运行的情况下，这些部分都会出现不正常升高（或降低），甚至出现撞弓、碰弓现象，也就是说在这些部位会出现力、位置、速度或加速度的突然变化。形成这种客观现象的本征状态，称为硬点。所以，硬点是一种结构的本征缺欠，并且是相对的。越是高速时，表现越明显。硬点是一种有害的物理现象，主要表现在三个方面：

（1）加快导线和受电弓滑板的异常磨耗和撞击性损害，直至断线及受电弓损伤。

（2）破坏弓网间的正常接触和受流，常在这些部位造成火花或拉弧，烧伤受电弓滑板和接触线表面，对机车电气系统及供电系统造成伤害。

（3）产生电磁波和辐射，对周边通信设施和线路产生干扰。所以，对于高速电气化铁路接触网，其硬点的检测是十分重要的。

硬点病害表现为硬点数据超过阈值，表征接触线平顺性。硬点病害对应接触网设备主要出现在集中负荷位置，如器件式分相绝缘器、分段绝缘器、中心锚结、线岔、电连接等位置；接触导线在施工展放或零部件安装时出现损伤、硬弯、扭面时，硬点检测也会出现较大值；恒张力放线时接触线蠕变未得到释放，可能会引起整锚段硬点检测值异常。

2. 一跨内接触线高差过大

一跨内接触线高差问题表现为一跨内接触线高度变化剧烈，最高点与最低点差值超过管理阈值，表征为接触线平顺性特性，成因多为接触线高度施工超出验收标准，或受限于外部构建物的高度接触线需要顺坡时坡度过大，或两段接触线设计高度不同，接触线顺坡区段坡度过大。

维修方案针对单点硬点，因分析硬点产生原因，采用五轮整弯器对接触导线进行整正，重新选择适当位置按标准安装活压接线夹。针对整锚段硬点问题采用解开锚段内除中心锚结位置的所有定位和吊弦，接触线采用S钩加尼龙放线滑轮悬挂，S钩的设置应均匀，每跨宜不少于5根，且依据不同位置设置长度适宜的S钩，使接触线顺线路方向保持平直，采用五轮整弯器自中心锚结向两端下锚方向平推整治，接触线蠕变得到充分释放，可有效消除整锚段硬点值和燃弧问题。如果平推整治后硬点和燃弧检测值仍不能满足要求，则需按恒张力架线方式更换接触线。

单个相邻跨距内的一跨内接触线高差问题可采用同时降低上下底座安装孔至适当位置，测量接触线高度，如仍不满足接触线高度标准，继续调整套管双耳（旋转双耳）在平腕臂上的安装位置，使接触线高度满足标准要求。位于顺坡区段的一跨内接触线高差过大需要测量相邻跨两定位点接触线高度，计算一跨内接触线高差，在确保相邻跨一跨内接触线高差满足顺坡标准的前提下调整跨内一个或两个定位点接触线高度。如果调整本跨内两定位点接触线高度不能满足顺坡标准，则需要连续调整相邻的多个定位点接触线高度。

1.5.3 弓网受流性能不良

1. 弓网接触力异常

弓网受流性能可通过弓网接触力表征，弓网接触力问题表现为弓网接触力过大或过小。弓网接触力问题对应接触网设备主要集中在接触网高度急剧变化点和集中负荷位置，如锚段关节、线岔处存在接触线高度变化的位置，以及器件式分相绝缘器、分段绝缘器、中心锚结、电连接等存在集中负荷的位置。接触线存在硬弯、扭面时，弓网接触力也会出现明显波动；锚段内导线张力发生变化，也会引起弓网接触力异常。

2. 燃弧

燃弧表征弓网匹配关系和接触网受流质量。燃弧问题对应接触网设备主要出现在接触网高度急剧变化点和集中负荷位置，如器件式分相绝缘器、分段绝缘器、中心锚结、电连接等位置。接触线存在硬弯、扭面时，燃弧将有明显响应。恒张力放线时接触线蠕变未得到释放，受电弓高速运行时将会引起整锚段燃弧异常。燃弧与硬点具有较大的相关性，燃弧的分析需要结合接触网的结构进行，综合考虑弓网接触力、硬点数据、弓网视频，以及天气等，电分相位置由于接触网结构和电气特性存在固有的正常燃弧情况，如果接触网结构正常，正常电气拉弧不认为是病害问题，应予以甄别。当检测遇霜冻、冻雨，导线覆冰，大风天导线舞动，或遇强降雨时燃弧数据仅做参考。

维修方案：引起弓网受流性能不良的问题很多，有接触线高度不平顺，接触导线底面不平顺，接触线内部蠕变未得到释放，弓网振动不匹配等，运营维修主要以保持接触线平顺性为主，改善接触网受流性能。

1.5.4 接触网结构病害

接触网系统由众多零部件组成，零部件在运行过程中由于安装不达标、自身性能或外部原因造成结构参数变化，如发生螺栓松动、开口销缺少、绝缘子破损、定位器脱落等问题，进而影响接触网系统的正常运行。

维修方案：接触网检测的重要目的就是通过分析接触网动静态参数、弓网动态关系、视频图像信息等的异常变化及时发现零部件的运行状态，在其状态劣化程度可能危及弓网安全运行前被分析查找出来，及时得到维修整治。

1.5.5 接触网功能退化

1. 接触线断裂、零部件烧损

断裂通常包括附加悬挂线索断线，接触导线断裂，接触网各个零部件变形、扭曲、脱落等；接触网带电部分对地放电，电气连接部位过热导致与其接触部位损坏；接触线、承力索、供电线等电气线路烧断或断线；设备连接零部件、电线连接和固定部分烧伤、烧损；承力索悬吊处或定位器定位钩处烧伤损害，绝缘子放电甚至被击穿等。

2. 接触线磨耗

受电弓与接触线之间接触压力过大，将会加快接触线的磨损，降低接触线的寿命。受电弓随机车运动过程中一直与接触线接触，因此受电弓滑板和接触线之间的磨损是一直存在的，随着磨损的不断加大，最终可能导致接触线断线的严重事故。

3. 接触网腐蚀

接触网零部件及导线主要采用铜与铜合金、铝与铝合金等有色金属材料制造，使用环境为暴露于大气中。大气污染物通过干沉积和湿沉积接触到金属表面，金属表面的潮湿进一步加剧了腐蚀，大气尘埃中所含的沙砾也可能擦伤金属镀层表面，致使基底金属暴露而产生腐蚀。另外，在阳光作用下，接触网使用的复合绝缘子等非金属材料也会出现老化、龟裂等腐蚀现象。

4. 绝缘子污闪

绝缘子起着支撑导体和绝缘体，以及隔绝导体之间、导体与大地之间电流的作用。由于绝缘子所处室外环境，需要面对风、沙、雨、雪、雾、冰、微尘、鸟粪等各种环境的侵害，其表面会积聚一些不溶性电解质及不溶物（统称为污秽物）。绝缘子污秽时，在恶劣的外部环境影响下，绝缘子表面污染程度逐步加深，绝缘能力明显下降，局部电场较集中，易发生污闪，出现强烈的电弧放电现象。

维修方案充分利用供电6C系统全方位、多角度检测监测接触网状态，及时发现并更换存在功能退化的接触网设备，保障运行安全。接触网零部件设备达到使用年限，及时开展接触网专项修、精测精修、大修，完成相关设备更新改造，保证接触网设备持续处于良好的运行状态。

1.5.6 接触网环境病害

1. 雷击灾害

接触网的雷击包括直击雷击、雷电反击和感应雷击过电压。对于接触网遭受雷击形成过电压危害的情况又分为三种情况：在接触网线附近的地方出现雷击，导致接触网出现感应过电压；接触线直接遭受雷击，从而导致接触网上有过电压生成；接触网支柱遭受雷击，在接触网支柱上产生过电压，导致绝缘子的雷电反击。依据接触网安装方式，雷电过电压导致接触网绝缘子的绝缘部位击穿，最终造成接触网线路失去电压。

2. 覆冰灾害

接触网覆冰受季节、气候、地形、温度、湿度及风速等因素影响，在高湿低温、高海拔地区更容易发生覆冰积雪现象。按照对接触网的危害程度，覆冰现象可分为雾凇、积雪、霜、冰冻等现象，在列车运行过程中，接触网导线有电流通过，所以接触导线不易结冰。但列车需要在夜晚进行综合检修，或者线路需要维修，在开天窗这段时间内，如果遇到下雪或冻雨，气温接近零度左右，会导致接触网覆冰。接触线覆冰会造成电力机车从接触网上取电困难，产生电弧、燃弧。另外接触导线上的覆冰导致受电弓磨耗加剧，损害弓网关系，严重时受电弓不能正常取流，从而导致列车晚点和影响列车正常运行

3. 沙尘危害

我国西北部干旱地区风沙严重，根据公开资料显示，2010年4月24日，甘肃地区出现大范围沙尘暴天气，从乌鲁木齐发出发的几趟列车晚点。2013年3月9日，内蒙古地区出现风沙低温情况，部分地方出现沙尘暴，恶

劣天气导致京包线分接触网故障，导致十几趟列车晚点，同年5月24日，乌鲁木齐出发的1086次列车遇到沙尘暴天气而晚点。

4. 鸟巢危害

京沪高铁自开通至2015年，因为鸟类在接触网上筑巢引发多次跳闸。2013年3月，京沪高铁线路由于鸟巢病害使局部线路停电2小时4分钟。鸟类在搭窝时使用树枝、铁丝或一些导电材料，在恶劣天气条件下或通过自身条件将带电接触线与接地体之间形成导电通道，从而造成接触网短路，引发设备跳闸，导致接触网断电，影响正常的铁路运行，严重时还会造成接触网断线及设备毁坏。

维修方案：针对接触网环境病害问题，应加强设计质量源头把控，根据区域环境条件增加设计防雷、防沙、防鸟方法，设置应对极端自然灾害措施；研究新型检测监测方法，能快速有效发现接触网环境病害问题；日常维修管理要加强与气象部门的沟通协调，增强应对极端自然灾害应急抢修能力。

第2章 接触网检测系统

2.1 接触网检测监测体系

电气化铁路供电安全检测监测系统（6C系统）对电气化铁路接触网设备进行全方位、全覆盖的综合检测监测，主要功能包括接触网状态参数和弓网运行参数的实时检测，接触悬挂、定位支撑装置、附加悬挂和零部件的检测，受电弓滑板状态的监测，特定位置、特殊地点的接触网设备实时监测，接触网运行环境实时监测等，对检测监测数据实时处理，并通过综合数据分析，总结设备状态变化规律，指导供电设备的运行维修，评价供电设备的运行质量。6C系统组成如图2-1所示。

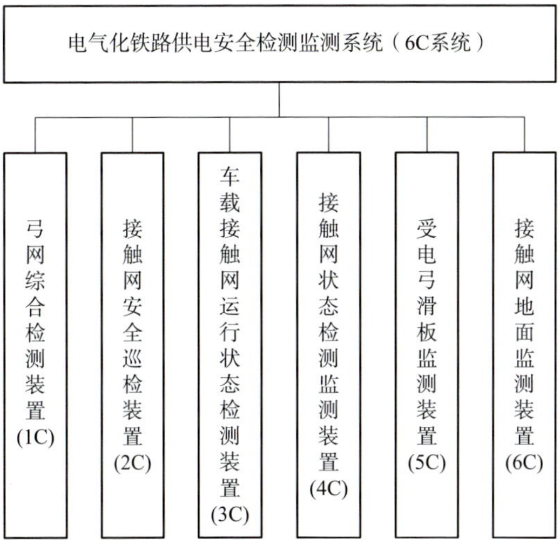

图2-1 6C系统组成

6C系统包括弓网综合检测装置、接触网安全巡检装置、车载接触网运行状态检测装置、接触网状态检测监测装置、受电弓滑板监测装置、接触网地面监测装置和6C系统信息综合应用。6C系统总体架构如图2-2所示。

图 2-2　6C 系统总体架构

6C系统各装置的安装位置、应用条件、检测对象、检测周期各不相同，功能独立，互不替代。检测数据从不同角度反映接触网的状态，通过对数据的关联分析、历史对比、趋势分析、综合分析，指导接触网的运行维修。6C系统功能分类见表2-1。

表 2-1　6C 系统功能分类表

6C 系统	系统搭载平台	主要功能及用途	管理部门
弓网综合检测装置	车载	对接触网参数和弓网运行状态进行线路实速动态检测，判定缺陷等级，评价接触网质量，为接触网运行维修提供依据； 用于新建铁路联调联试和既有铁路动态检测	铁路基础设施检测中心、铁路局集团公司

续表

6C系统	系统搭载平台	主要功能及用途	管理部门
接触网安全巡检装置	车载	对接触网状态及外部环境进行巡视检测，用于接触网登乘巡视检查和非常规检查	铁路局集团公司、供电段
车载接触网运行状态检测装置	车载	对接触网及受电弓状态进行实时动态检测，监测预警异常状态； 用于接触网实时动态检测和巡视检查	铁路局集团公司、供电段
接触网状态检测监测装置	车载	对接触网的零部件实施成像检测及自动识别，测量接触网几何参数静态值； 用于接触网静态检测及全面检查	铁路局集团公司、供电段
受电弓滑板监测装置	地面	监测受电弓滑板技术状态； 及时发现受电弓滑板的异常状态，指导接触网维修	铁路局集团公司、供电段
接触网地面监测装置	地面	实时监测接触网特殊断面和地点特定位置、特殊地点的设备技术状态； 及时发现接触网设备的异常状态，指导接触网设备维修	铁路局集团公司、供电段
6C系统信息综合应用	地面	6C系统各装置所采集数据及相关基础数据的集中汇集处理与综合分析展示平台	铁路基础设施检测中心、铁路局集团公司、供电段

2.2 接触网检测项目

《高速铁路电力牵引供电工程施工指南》规定，接触网工程竣工后，应采用非接触式接触网检测车或综合检测列车对接触网几何参数进行检测。非接触式接触网检测车运行时速为20～80 km；综合检测列车检测前，应用接触网检测车对接触网空间安全参数进行复核，运行时速80～160 km。

在接触网日常运营维护中，使用综合检测列车等设备定期进行检测，及时发现事故隐患并根据检测结果对接触网进行修理，保障安全运行。

高速铁路接触网的检测参数见表2-2。

表 2-2　高速铁路接触网检测参数

<table>
<tr><th>检测目的</th><th>参数类型</th><th colspan="2">检测参数</th></tr>
<tr><td rowspan="4">评价接触网（静态检测）</td><td rowspan="4">接触网特性</td><td rowspan="2">接触线空间位置</td><td>静态拉出值</td></tr>
<tr><td>静态接触线高度</td></tr>
<tr><td colspan="2">接触线磨耗</td></tr>
<tr><td colspan="2">定位器坡度</td></tr>
<tr><td rowspan="8">评价弓网动态相互作用（动态检测）</td><td rowspan="7">弓网动态特性</td><td rowspan="2">接触线空间位置</td><td>动态拉出值</td></tr>
<tr><td>动态接触线高度</td></tr>
<tr><td colspan="2">硬点</td></tr>
<tr><td colspan="2">一跨内接触线高差</td></tr>
<tr><td colspan="2">弓网接触力</td></tr>
<tr><td colspan="2">燃弧</td></tr>
<tr><td colspan="2">接触线动态抬升量</td></tr>
<tr><td>弓网电接触性能</td><td colspan="2">接触线温度</td></tr>
</table>

2.2.1　接触线空间位置参数

接触线空间位置参数主要包括接触线高度（导高）、接触线横向偏移（拉出值）、线岔和锚段关节处的双支接触线相对位置（水平间距和垂直高差）、接触线坡度等。

接触线的空间位置参数需要在静态和动态两种情况下测量。在没有外界扰动（静态）的情况下，获取的接触线空间位置参数为静态参数；在与受电弓动态相互作用（动态）情况下，获取的接触线空间位置参数为动态参数。通常采用无接触式测量设备获取接触线的静态空间位置参数。图2-3所示为一种便携式接触网几何参数测量装置，图2-4所示为两种车载式接触网几何参数测量装置。

为保证弓网运行的安全性和良好的弓网动态性能，TB 10758对接触线空间几何位置的安装误差提出了严格的要求。

图 2-3　便携式接触网几何参数测量装置

(a) 4C接触网几何参数测量装置

(b) 1C接触网几何参数测量装置

图 2-4　两种车载式接触网几何参数测量装置

（1）在线路轨道调整完成后，接触线悬挂点距轨面的高度应符合设计要求，允许偏差±30 mm，且应符合下列要求。

①定位点两侧第一吊弦处接触线高度应等高，相对该定位点的接触线高度允许偏差为±10 mm，但不得出现V字形。

②接触线工作支悬挂点高度变化时，时速250 km其坡度不大于1%，坡度变化率不大于0.5%；时速300 km及以上坡度为0。

③1个跨距内两相邻吊弦处的接触线高度差不得大于10 mm。

④两相邻定位点的高差不得大于20 mm且不能形成偏差峰值的倒V字形。

（2）简单链型悬挂同一跨内相邻吊弦处的接触线高度差应符合设计预留弛度的要求允许偏差不得大于5 mm。

（3）弹性链型悬挂相邻吊弦点处接触线的高度差应不大于10 mm。

（4）接触线拉出值的布置应符合设计要求，允许偏差±30 mm。

（5）非绝缘锚段关节转换支柱处,两接触线间垂直、水平距离应符合设计要求，允许偏差±20 mm。

（6）关节转换跨各悬挂点两接触线高度应符合设计要求，允许偏差+10 mm。

2.2.2 接触线磨耗

人工测量接触线磨耗是利用游标卡尺测量接触线的残存高度值，查阅《接触导线磨耗换算表》得知接触线磨耗面积。接触线残存高度与磨耗面积之间的对应关系与接触线横断面形状有关。

为保证接触线的机械安全，每年至少进行一次接触线磨耗测量，测量重点应放在各类线夹安装、接触线接头、电分段和电分相、线岔和锚段关节、接触线坡度有明显变化等位置。

《普速铁路接触线维修规则》规定，普速铁路电气化铁路接触线磨耗限界值为磨损面积的20%。《高速铁路接触线维修规则》规定，高速电气化铁路接触线磨耗应符合表2-3规定。

表 2-3 高速铁路接触网检测参数

设计速度 /（km·h^{-1}）	导线材质	工作张力 /kN	标准值	警示值 /%	限界值 /%
200～250	CTS	—	无磨损	15	20
300～350	CTSH-150	28.5	无磨损	11	15

续表

设计速度 /（km·h⁻¹）	导线材质	工作张力 /kN	标准值	警示值 /%	限界值 /%
300～350	CTMH-150	28.5	无磨损	17	23
	CTMH-150	30	无磨损	14	19
	CTCZ-150	31.5	无磨损	19	25
	CTCZ-150	33	无磨损	16	21
	RiM120	27	无磨损	13	17

2.2.3 定位器坡度

采用视觉测量技术，并结合模式识别、机器学习等方法，对高性能摄像头拍摄的接触网运行环境视频进行分析和信息挖掘，以获得高速接触网的定位器坡度数据。在检测车车顶安装高分辨率高帧频摄像机，采集弓网运行环境视频。摄像机的安装保证其成像平面x轴与车顶平面平行，且垂直于列车前进方向，因此以车顶断面横轴为基准的角度测量可以转化为以成像平面x轴为基准的角度测量，如图2-5所示。

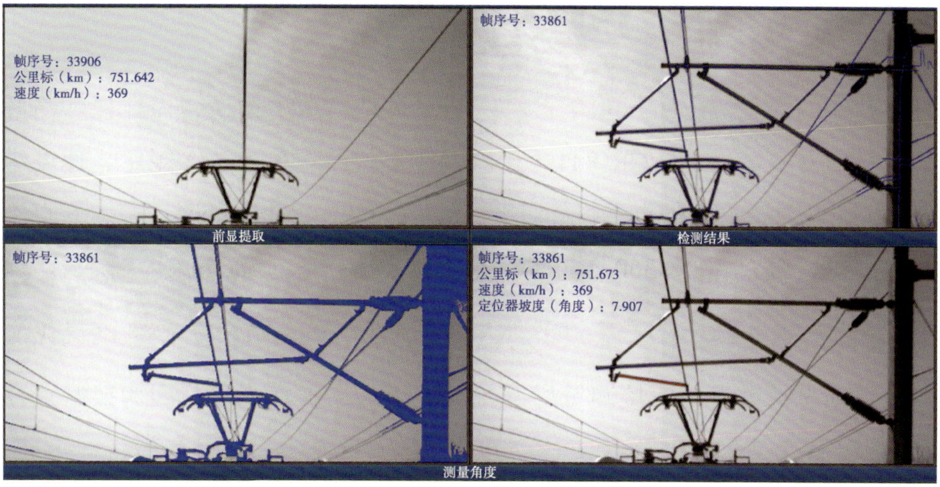

图 2-5 定位器坡度测量

受电弓经过时，定位器不应妨碍接触线的自由振动，且接触线抬升达到最大时，定位器下沿的轮廓应能保证受电弓顺利通过。根据不同曲线半径及超高，矩形定位器静态安装坡度为6°～14°。

2.2.4 硬　　点

对于接触线硬点的检测是采用在检测受电弓上安装加速度传感器，采用二维加速度传感器，同时检测振动和冲击两个参数。根据运营速度不同，硬点处所呈现的垂直加速度不同，传感器可以检测0～±2 000 m/s^2的加速度值。安装在受电弓上的加速度传感器，如图2-6所示。

图 2-6　加速度传感器

硬点的测量数据可以用于接触网质量评估与故障诊断，保证接触网和受电弓的安全运行。Q/CR 841《接触网动态检测评价方法》规定，速度小于200 km/h时，最大硬点不得超过490 m/s^2；200～250 km/h时，最大硬点不得超过588 m/s^2；300～350 km/h时，最大硬点不得超过686 m/s^2。

2.2.5 弓网接触力

在动态情况下，直接测量弓网接触点上的力存在困难，因为接触点在滑板以上不停地移动。采用直接将力传感器安装在滑板底座与滑板连接处，如图2-7所示。

在受电弓的2列滑板下共安装4个力传感器（单滑板受电弓安装2个力传感器），一列滑板的左、右传感器的信号总和能够反映一列滑板的接触力，

4个传感器的信号总和能够反映全部的弓网接触力。使用传感器的信号总和、右信号及左信号，依据杠杆原理，还可以大致计算出接触线在受电弓滑板上的位置。这种测量方式中的力传感器无法记录作用在滑板上的质量惯性力和滑板与运行速度相关的空气动力，需要加入修正量，对滑板的惯性力和空气动力进行修正。

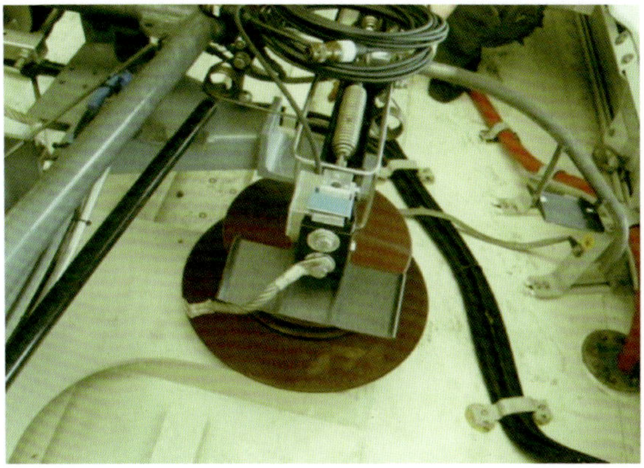

图 2-7　弓网接触力传感器

弓网接触力的测量数据可以用于弓网动态性能的评估与故障诊断。弓网动态性能的好坏可以通过接触力的标准偏差来评价，最高运行速度下的标准偏差σ不得大于F_m。Q/CR 841《接触网动态检测评价方法》规定接触力最小值不得小于20 N；速度小于200 km/h时最大接触拉力不得超过250 N；200～250 km/h时，最大接触力不得超过300 N；300～350 km/h时，最大接触力不得超过350 N。

2.2.6 燃　　弧

测量弓网系统燃弧的次数与持续时间，并利用燃弧率对弓网接触质量进行评价。燃弧率μ计算式为

$$\mu = \frac{\sum t_{\text{arc}}}{t_{\text{total}}} \times 100\% \qquad (2\text{-}1)$$

式中　$\sum t_{arc}$——单次燃弧持续时间大于5 ms的燃弧时间总和；

t_{total}——测量总时间。

需要利用非接触方式对电弧进行探测。电弧探测器应对铜材料辐射出的光的波长敏感。对于铜和铜合金接触线，探测的波长范围应该是220～225 nm，或者是323～329 nm。为保证电弧的准确测量，测量系统应免疫于波长大于330 nm的可见光的影响。

Q/CR 841《接触网动态检测评价方法》规定，燃弧时间应不大于100 ms，持续时间大于50 ms的电弧不超过每160 m一次，燃弧率不应超过1%。

2.2.7　定位点处接触线抬升

通过安装在接触网支持装置上的固定测量设备可准确测量接触线在定位点处的抬升量。

限制受电弓在定位点处的接触线抬升非常重要。在正常运行条件下及最大跨距时，定位点处的接触线抬升应由弓网系统设计人员利用计算机仿真系统进行计算。接触网的设计应使非限位式定位装置的抬升空间不小于定位点抬升仿真值的2倍，限位式定位装置的抬升空间应不小于定位点抬升仿真值的1.5倍。

2.2.8　接触网温度

位于主导电回路上的接触网设备出现故障，例如，连接螺丝松动、压接配合失灵、端子板连接处严重腐蚀、磨损或腐蚀使横截面减少、开关接触点缺陷等，这些设备及其附近可能会出现温度升高。

红外热像仪能够远距离、非接触、实时快速地获取设备的温度信息，可以用于接触网的温度测量。图2-8所示为定位支座处温度异常检测图像。

2.2.9　接触网视觉巡检

接触网视觉巡检装置利用工业数字相机对接触网高清晰成像，并利用专用分析软件对图像进行视觉分析和查看，以达到对接触网设备进行巡视检查的目的。

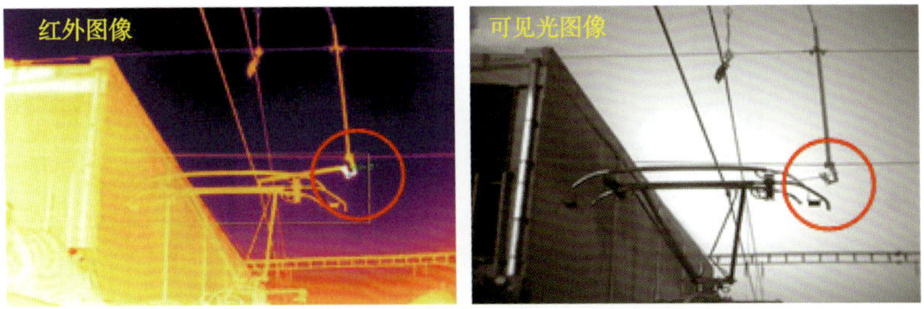

图 2-8 定位支座处温度异常检测图像

便携式接触网巡检装置示意如图2-9所示，可临时安装于运行动车组的司机台上，对接触网的状态进行视频采集，事后统计分析接触悬挂部件技术状态。装置采用高清晰摄像机在动车组上记录行车沿线接触网设施全景，对接触网的关键区域进行采集并能输出高清晰图片，能有效判断接触网设备有无脱落断裂等异常情况，有无可能危及接触网供电的周边环境因素，有无侵入限界，妨碍机车车辆运行的障碍。

图 2-9 便携式接触网巡检装置

接触网悬挂状态检查装置如图2-10所示，装置由20余组高清晰相机组成，实现对接触网前后两个方向的高清晰度成像。装置可安装在作业车或专用轨道车辆上，在一定的运行速度下，对接触网悬挂系统的零部件实施高精度的成像检查，在检测数据自动识别与分析的基础上，形成维修建议，指导接触网故障安全隐患的消缺。

图 2-10　接触网悬挂状态检查装置

2.3　弓网综合检测装置

弓网综合检测装置主要由接触网几何参数检测系统、弓网动态作用参数检测系统和弓网视频组件组成。装置总体架构如图2-11所示。

2.3.1　接触网几何参数检测系统

2.3.1.1　检测原理

基于多目立体视觉的接触网几何参数测量原理如图2-12所示。图2-12中，Oxz为轨道坐标系，原点O为两轨顶面中点；$O'x'z'$为车顶坐标系，原点O'为车顶光学梁中点；点P为接触线；G1、G2、G3、G4为4个线阵相机，自左至右布置在车顶垂直于轨道延伸方向的同一断面内，通过调整各线阵相机相对车顶中心的横向位置和安装角度，确保各相机视场都可以覆盖接触线的空间范围。

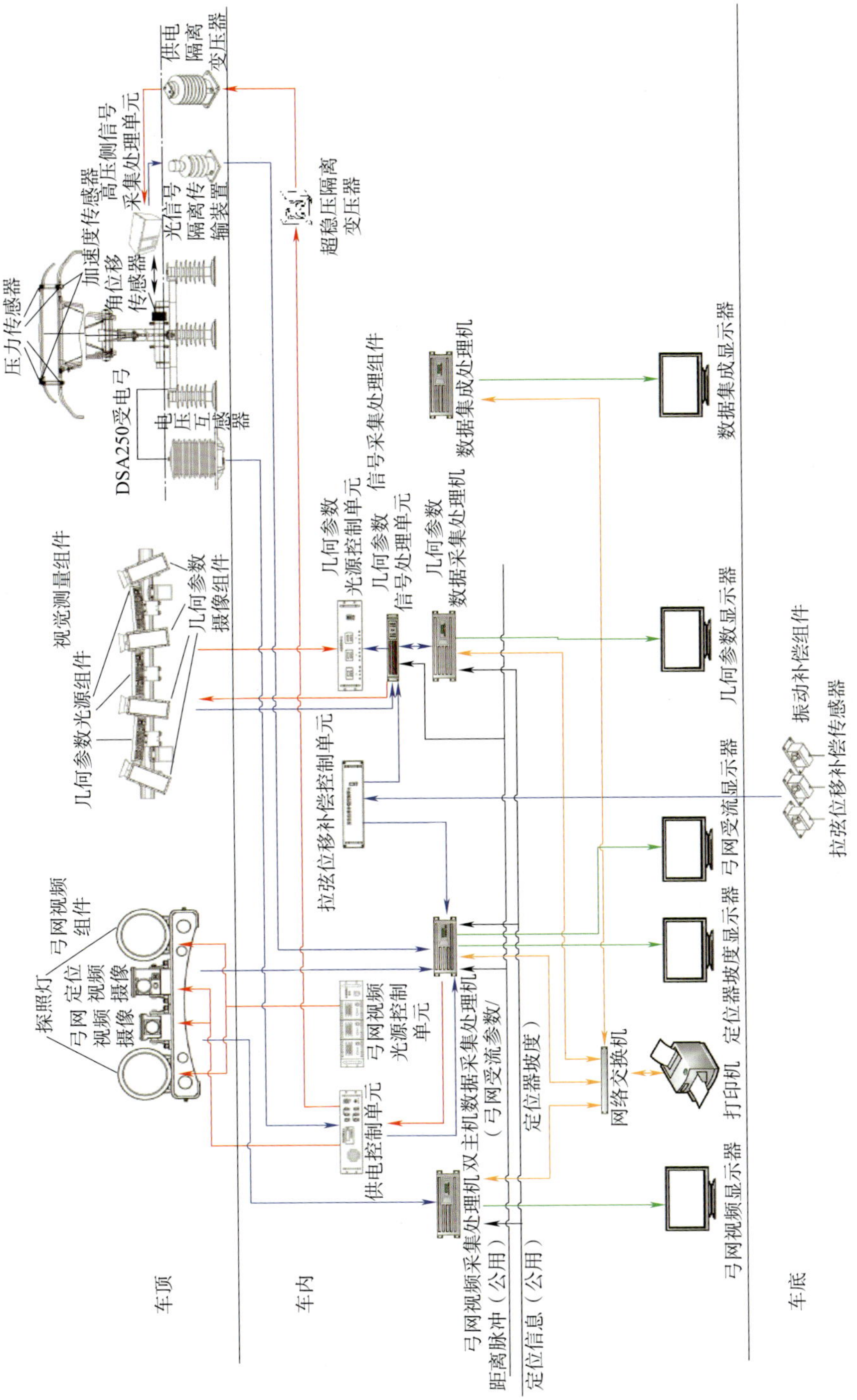

图 2-11 弓网综合检测装置总体架构

通过外触发方式同步采集4个线阵相机拍摄的点P平面图像，可获得不同角度的点P立体图像。通过实时图像处理和分析获得点P在各线阵相机图像中的位置，基于视差原理即可恢复点P在该断面内的平面位置信息，即其在车顶坐标系$O'x'z'$的垂向位移和横向位移。

由于拉出值和导高等几何参数是基于轨道坐标系Oxz定义的，为获得接触线相对于轨顶平面的空间位置，须将点P在车顶坐标系$O'x'z'$下的测量坐标转换成轨道坐标系Oxz下的测量坐标。在实际测量中，主要考虑车体在Oxz平面内的转动以及沿x轴和z轴的平移。因此，在车底安装3个位移传感器测量车体相对钢轨平面的运动姿态，其中，左右两侧各安装1个垂向位移计测量车体左右两端的垂直位移d_l和d_r并计算获得车体在Oxz平面内的转动及沿z轴的平移，安装1个水平位移计测量车体沿x轴的平移。根据车体运动姿态测量结果对几何参数测量结果进行修正，从而保证几何参数测量的准确性。

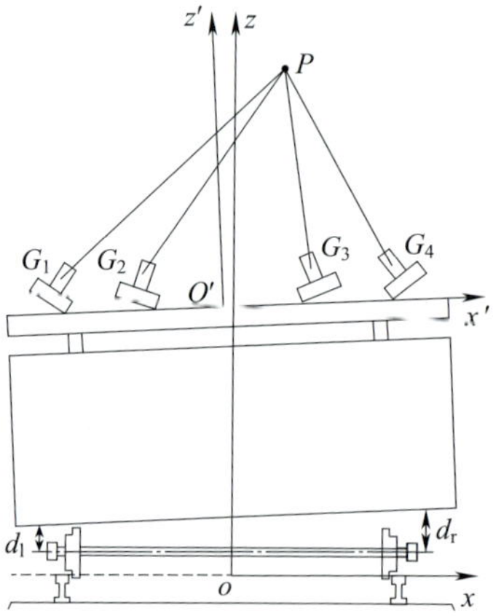

图 2-12　接触网几何参数测量原理

2.3.1.2　硬件构成

根据上述检测原理设计的接触网几何参数检测系统如图2-13所示，由车顶视觉测量模块、车内系统控制模块和车底运动补偿模块三部分组成。车顶视觉测量模块包括光学检测梁、线阵相机组和光源组。将两组共四个CCD线阵相机对称悬挂于光学检测梁上以保证共面测量。配置四个大功率聚光灯作为主动照明光源以保证在不良环境光照下（如夜晚和隧道）图像中接触线和背景的区分度。车底运动补偿模块采用三个拉弦式位移计测量车体运动姿态，其中，两个垂向位移计测量车体的侧滚和跳动，一个水平位移计测量车体的水平移动。此外，在轮轴上安装光电编码器以输出距离脉冲信号，通过控制计数器卡处理距离脉冲可实现车辆运动中的等距离采样和实时车速监测。车内系统控制模块由光源控制单元如图2-13中1所示，系统控制单元如图2-13中2所示，检测工控机组成如图2-13中3所示，完成检测系统的硬件控制、数据采集和分析处理等功能。为修正根据编码器距离脉冲计算里程带来的累积误差，配置里程校准服务器如图2-13中4所示，向检测工控机发布里程校准信息，从而有效提高了检测数据的定位精度。检测工控机通过网络将检测数据发送至后台服务器如图2-13中5所示，进行波形显示、超限判断以及报表打印输出。

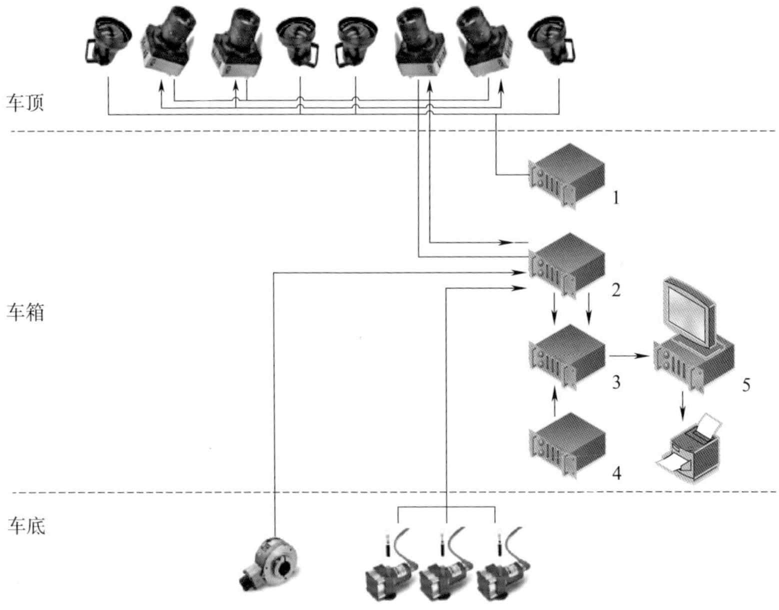

图 2-13　接触网几何参数检测系统基本构成

1. 视觉测量组件

视觉测量组件由抗扭曲光学检测梁、聚光灯和高分辨率线扫描摄像机组成。将聚光灯和摄像机安装于光学检测梁上以保证同平面照明和测量，同时可以精确控制聚光灯和摄像机的安装位置和角度。视觉测量组件结构如图2-14所示。

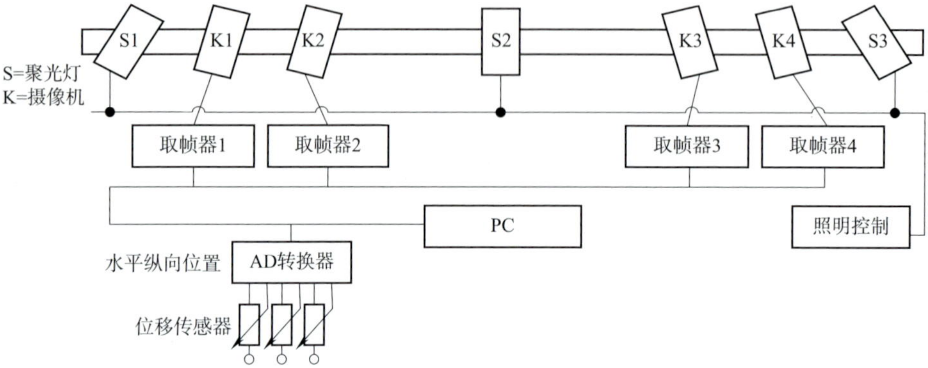

图 2-14　视觉测量组件结构

为满足最高检测速度400 km/h条件下图像的采集要求，视觉测量组件在选择摄像机组件时重点从分辨率、扫描频率、曝光时间、图像数据传输方式和控制方式等方面综合考虑选型。经对比分析和测试，选择采用具有高分辨率、高灵敏度、高线扫描频率、高数据传输速率等特点的黑白线扫描摄像机，相机的曝光时间、行频、增益、偏置、数据位深、触发模式和行扫频率等参数都可以编程控制，相机平场校正可解决镜头渐晕和光照不均等问题。

摄像机和线扫描专用镜头通过接圈连接，采用铝合金材料进行防水密封封装。摄像机封装盒具有较好的机械强度，同时可以屏蔽外部的电磁干扰。为防潮除湿，在镜头前端的光学窗口内部安装电阻加热丝去除水气，摄像机组件及其封装外壳实物照片如图2-15所示。

图 2-15　摄像机组件安装

2. 信号采集处理组件

信号采集处理组件主要包括图像与数据采集模块、信号转换模块、信号传输模块以及辅助电路等。

信号采集处理组件通过使用多功能数据采集卡采集车底的三个位移传感器输出的模拟信号量及车轮编码器的脉冲信号并进行分频处理；使用两块双通道图像采集卡同步采集四个线扫描摄像机拍摄的图像，采集到的图像数据，经过PCI总线实时传到内存。

为保证在车辆强电磁干扰环境中的摄像机信号传输不易被干扰，采用光纤转换模块将摄像机视频信号转换为光纤信号传输至车厢内，在信号采集处理组件中再将光纤信号转成视频信号输入实时检测计算机。车顶视觉测量模块与车内系统控制模块之间的连接拓扑结构如图2-16所示。

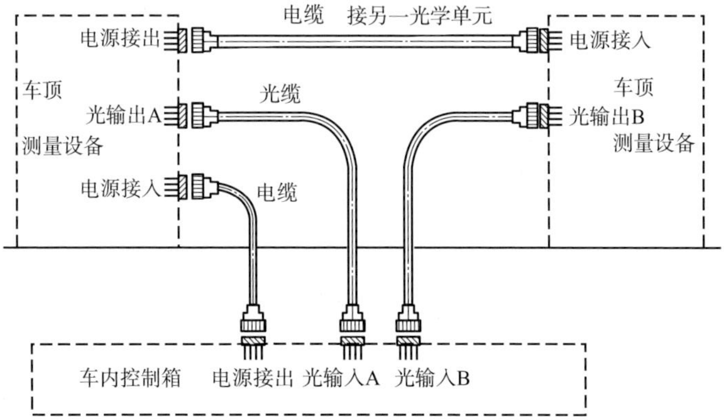

图 2-16　连接拓扑结构

信号采集处理组件控制模块由几何参数光源控制单元、几何参数信号处理单元、几何参数数据采集处理机和拉弦位移补偿控制单元等组成。信号采集处理组件控制模块机柜布置如图2-17所示。

3. 振动补偿组件

振动补偿组件由安装在车下的位移补偿传感器和光电编码器组成。位移补偿传感器用于测量车体的运动姿态，包括垂直位移、水平位移和侧滚角度等，光电编码器为图像和模拟数据的采集提供触发源。

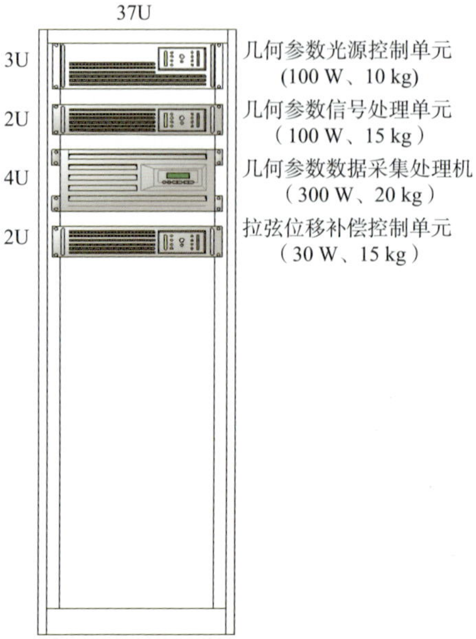

图 2-17　信号采集处理组件控制模块机柜布置

振动补偿组件在车体底部和左右轴箱之间垂直安装两个拉弦位移传感器测量车体的垂直位移和侧滚角度，在车体底部和转向架之间水平安装一个拉弦位移传感器测量车体的水平位移，通过计算可获得车体的运动姿态信息。拉弦位移传感器的安装示意如图2-18所示。

图 2-18　拉弦位移传感器安装示意

在轴箱上安装光电编码器输出距离脉冲用于里程累积和同步触发图像、位移数据采集设备。车轮每旋转一周，编码器产生固定n个脉冲，A相及B相隔输出$n/2$个脉冲，A相与B相差90°。一周的脉冲数和车轮的周长相对应，根据车轮直径D和每周脉冲数n可计算出脉冲间距$l=\pi D/n$，通过计算机对l进行累加可得距离，通过l和时间计算可得速度。通过控制计数器降频，可以实现不同采样间隔的采样脉冲输出，如每125 mm或每250 mm产生一个采样脉冲。

2.3.1.3　软件构成

接触网几何参数检测系统的软件部分主要实现的功能有：

（1）实时动态显示接触线的拉出值和导高，并能直观显示接触线在空间中的动态位置变化。

（2）同步控制四台先扫描摄像机触发进行开始采集或终止采集，并能设置图像采集卡和摄像机的参数。

（3）根据建立的空间变换模型精确计算接触线的拉出值、导高和磨耗等几何参数值。

（4）同步接收综合系统的速度里程等时空同步信息，并能手置校准里程。

（5）几何参数值能实时传输到集成显示平台。

（6）实时监控摄像机和车底补偿传感器的状态。

根据接触网几何参数检测系统的硬件结构要求以及要实现的六种功能，项目组基于VC开发平台设计和开发检测软件。数据采集和分析软件功能结构如图2-19所示。软件工作流程基于事件模型驱动，图像数据和车体补偿数据的读取均基于硬件中断方式实现，数据存储方式采用开辟缓冲区临时存储，缓冲区饱和写入磁盘的调度方式。

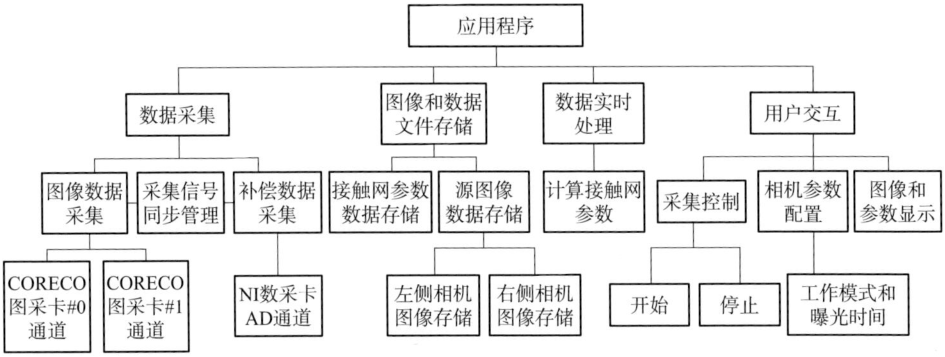

图 2-19　数据采集和分析软件功能结构

1. 几何参数检测软件

软件安装在接触网几何参数采集处理机内，使用WIN7操作系统，安装接触网几何参数检测系统软件（WJ1C-WGAcqSoft-1.1.6）。

相关软件部署手册详见《接触网几何参数采集处理机部件组装与调试/检验作业指导书》。

2. 同步预处理软件

软件安装在数据集成处理机内，使用WIN7 32位操作系统，安装接触网数据同步预处理软件（WJ1C-DataSyncSoft-1.1.0）。

相关软件部署手册详见《数据集成处理机部件组装与调试/检验作业指导书》。

3. 数据集成处理软件

软件安装在数据集成处理机内，使用WIN7 32位操作系统，安装数据集成处理软件（WJ1C-DataInteSoft-1.2.2）。

相关软件部署手册详见《数据集成处理机部件组装与调试/检验作业指导书》。

4. 接触网波形分析软件

软件安装在波形分析机内，采用WIN7 32位操作系统，计算机需安装接触网波形分析软件（WJ1C-WaveSoft-1.0.2）。

接触网波形分析软件属于数据集成处理软件的子软件，相关软件部署手册详见《数据集成处理机部件组装与调试/检验作业指导书》。

2.3.2 弓网动态作用参数检测系统

2.3.2.1 检测原理

接触网-受电弓之间的接触力指受电弓滑板与接触导线间的动态接触压力。接触导线与受电弓滑板之间是滑动摩擦运动，导线与滑板可以说是一对摩擦耦件，弓网间的作用力可以分解为纵向（沿线路方向）力和垂向力。在弓网运行过程中，纵向力由列车纵向动力克服。垂向力影响弓网受流质量的两个指标：接触导线抬升量和接触导线磨耗及受电弓滑板磨耗。接触导线抬升量的大小影响弓网运行安全，导线磨耗和滑板磨耗影响接触网寿命和滑板使用寿命。受电弓和接触网要实现良好的接触，弓网接触力就要保持在一个特定的限定范围，接触力太大将会造成磨耗的增大，接触力太低，将引起频繁离线拉弧而加剧磨耗。

弓网接触点的接触力包括：

静态抬升力F_0，通过调整受电弓升降系统弹簧的弹性以及空气压力来进行控制。

摩擦力F_r，由受电弓的具体设计而定，可在10～30 N之间变化。

空气动力F_{aer}，产生于空气流经受电弓上下框架、受电弓弓头及滑板时，空气动力由以下因素决定：列车速度、车顶受电弓附近零件的布置、受电弓的位置及布置等，可由受电弓的导流板的设计和安装位置看来控制。

动态抬升力F_{dyn}，是一种惯性力，由受电弓及链型悬挂的综合质量的垂向振动而产生。

当列车速度增加时，接触力也随着动态因素F_{dyn}的影响而增加，这个分量由弓网的设计参数以及机车运行的激励决定，支柱间跨距内弹性的变化，接触网系统的不规则引起的受电弓上下振动造成接触力的持续波动。这些波动沿受电弓的前进方向沿接触网传播，在集中质量点及不连续处受到影响，在弓网接触点对接触力造成额外的变化，当以上几中因素一起作用时所形成的效果被放大，随着列车运行速度的提高，影响的量级也随之提高。

在受电弓滑板底面安装加速度计，测量受电弓运行时所受的冲击加速度，也称为硬点，这个加速度有水平方向和垂直方向两个方向，一般采用垂直方向的加速度来评价受电弓运行的安全性及接触线的平顺性。

硬点对弓网受流状态的影响——接触线不平顺，如存在硬弯、底面扭曲、定位器调整、接触线坡度超标，三跨锚段关节接触线转换点等，对受电弓滑板产生冲击加速度，反映到弓网性能上表现为出现连续火花、弓网接触力出现峰值变化。此加速度值为受电弓滑板运行中受到的冲击加速度值，分析频率一般较高。

系统通过安装在车顶受电弓上的压力传感器和加速度传感器输出的电信号，经过车顶高压采集箱内采集板处理后转换成光信号，光信号通过光纤输入车内采集系统，车内采集系统把光信号转换成电信号，电信号通过计算机处理后，生成数据文件并显示数据波形。

火花传感器信号和激光导高信号通过信号电缆输入车内采集系统，由计算机处理后，生成数据文件并显示数据波形。

2.3.2.2 硬件构成

弓网动态作用参数检测系统的车内数据采集部分采用带有FIFO的智能A/D数据采集卡，它是一种高性能、高精度、超小体积的A/D数据采集卡，具备16路的AD模拟信号输入通道；系统访问FIFO读取数据通过设置FIFO状态位启动中断方式进行数据传送。

弓网动态作用参数检测系统的车顶高压侧设备均安装于受电弓上，不影响受电弓本体的工作空间。压力传感器、加速度传感器安装于受电弓弓头位置，高压采集箱和电池箱安装于受电弓底架，互感器安装在受电弓铜导体上为检测设备充电，行程开关安装在受电弓底架上，控制高压采集箱电源的通断。压力传感器信号线、加速度传感器信号线均通过绑扎固定后引入高压信号箱，信号经过处理后通过光纤传输至车内采集设备。车顶设备接线如图2-20所示，图2-20中，虚线内是车顶设备接线图。

光纤白管连接高压侧端与车顶低压侧端，白管外层为PVC材质，中间层为绝缘胶，内层为光纤。光纤白管主要用于加强高低压固定点之间光纤硬度及绝缘爬距。

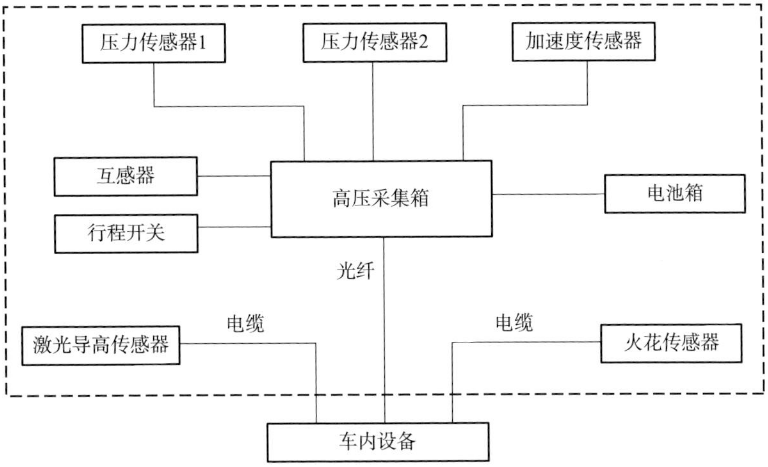

图 2-20 车顶设备接线

低压侧设备火花传感器及激光导高传感器通过安装底座固定于车顶，信号线沿车顶通过车顶进线孔进入车内机柜，接入车内采集设备。车内设备接线如图2-21所示，图2-21中，虚线内是车内设备接线图。

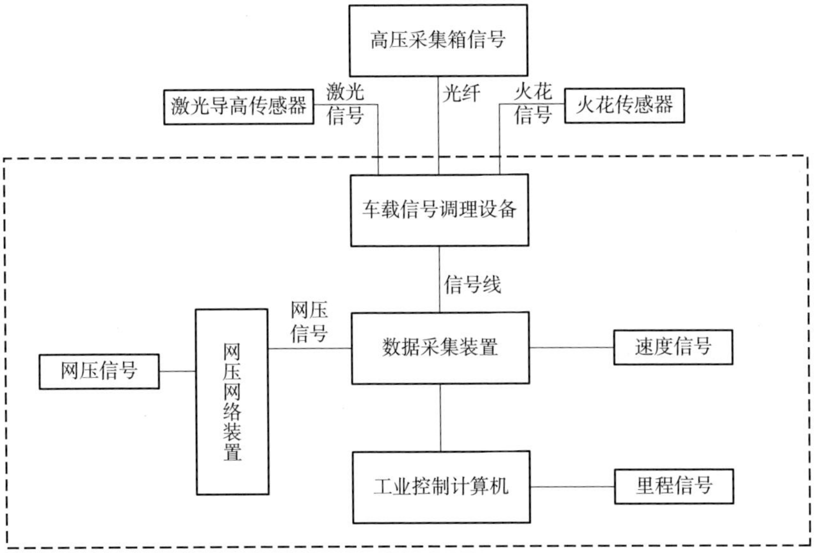

图 2-21 车内设备接线

2.3.2.3 软件构成

弓网动态作用参数检测系统软件主要完成在弓网受流检测时各项指标数据的采集功能，并实时显示各项指标监测数值，记录保存各项指标的统计数据和原始数据。

弓网动态作用参数检测系统软件的主要功能包括：

（1）标定弓网检测装置的各种传感器。

（2）弓网检测数据集波形连续记录存盘。

（3）实时显示信号波形，实时显示测量数据。

（4）检测数据实时分析处理统计功能。

（5）检测数据网络发送功能。

2.3.3 弓网视频组件

弓网视频组件主要由摄像机、探照灯和电源控制装置组成。摄像机用于视频监控受电弓与接触网的运行状态；探照灯用于光线不良情况提供照明；电源控制装置用于给设备供电。

弓网视频组件能够结合检测实时的时间、里程、接触线高度、拉出值、弓网接触力等各项检测参数信息，拍摄并保存弓网运营动态实况。

弓网视频组件在车顶安装座上安装视频摄像机和探照灯，安装示意如图2-22所示。

图 2-22　车顶视频组件安装示意

2.4 系统标定

2.4.1 接触网几何参数检测系统标定

对日常维护中产生的相机精度验证及位移计标定方法进行说明，标定方法详见《接触网几何检测子系统标定手册》。

1. 相机精度验证

标定架安装完成后，软件操作人员打开光源控制单元电源和系统控制单元电源，确认接触网几何参数检测软件的配置文件中“tilt_enable=0”，启动接触网几何参数检测软件、同步预处理软件及接触网数据集成处理软件。

验证过程中，软件操作人员参照《标定报告》的要求指挥车顶操作人员调整标定直条板高度。当标定架操作人员将标定直条板设置在要求高度位置且不再晃动后，告知软件操作人员当前的设置高度并要求开始采集当前数值。软件操作人员在接触网数据集成处理软件的波形界面中读取当前验证点的测量数值并记录，记录完成后通知车顶操作人员并要求将标定直条板移至下一验证点。

验证结束后，从光学检测梁上拆卸下标定架，先将滑动直杆移动至较低高度并拆卸标定直条板，再将固定直杆从光学检测梁拆下，再将滑动直杆从固定直杆上拆下，将标定架各组件装至标定箱中。将接触网几何参数检测软件的配置文件中“tilt_enable=0”恢复至验证前数值（0或1）。

接触网数据集成处理软件接收的数据不是实时数据，软件操作人员必需等待验证点的测量数据显示出来后再记录。

2. 拉弦位移计标定

拉弦位移计标定需两人配合完成，一人负责操作软件，一人负责操作拉弦位移计，现场标定时车辆宜停在平直轨道上且车内无闲杂人员走动。拉弦位移计标定需要使用轴盘。拉弦位移计标定按键顺序如图2-23所示。

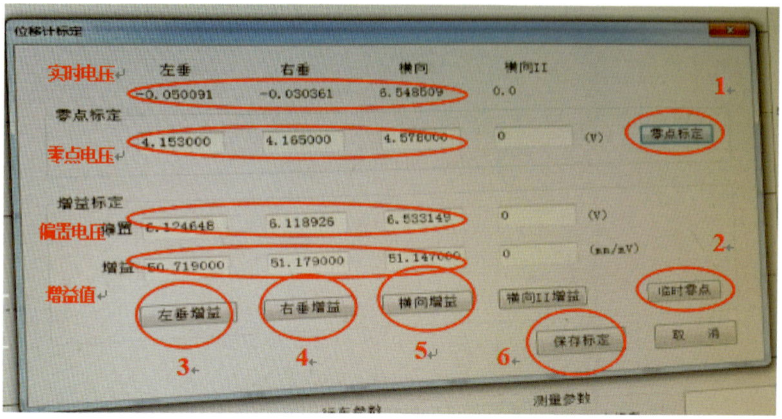

图 2-23　拉弦位移计标定按键顺序

拉弦位移计标定包括：

（1）标定各拉弦位移计的零点电压和增益。

（2）根据实测的各拉弦位移计的最大输出电压和最小输出电压确定各拉弦位移计的最大电压阈值和最小电压阈值。

2.4.2　弓网动态作用参数检测系统标定

1. 轮径值设定

设定轮径值为系统速度与实际速度一致。初始化标定界面如图2-24所示。

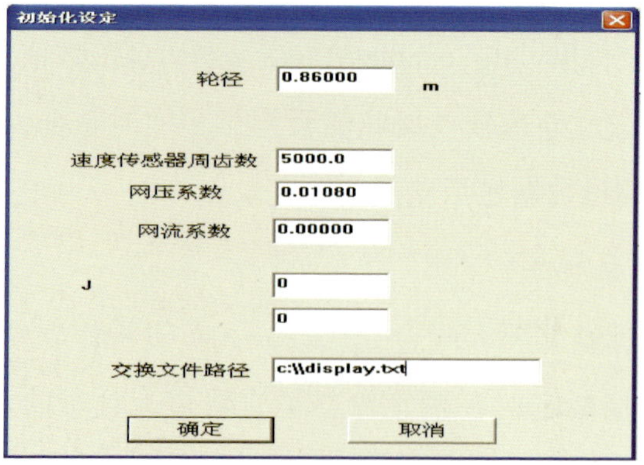

图 2-24　初始化标定界面

2. 压力标定

通过压力标定，确定压力与传感器采样值之间的关系。压力标定界面如图2-25所示。标定流程如下：

（1）用支撑杆支起受电弓。

（2）运行采集系统。

（3）确认在最小力标定按钮左边的文本框显示为0，然后点击最小力标定按钮。

（4）2路压力标定方法：在滑板上放置标准砝码，在最大力标定按钮左边的文本框输入4 900（选择2个有压力信号值的文本框），然后点击最大力标定按钮；4路压力标定方法：在滑板上放置标准砝码，在最大力标定按钮左边的文本框输入2 450（选择4个文本框），然后点击最大力标定按钮。

（5）点击计算系数按钮。

（6）点击确定按钮。

压力传感器标定完成。

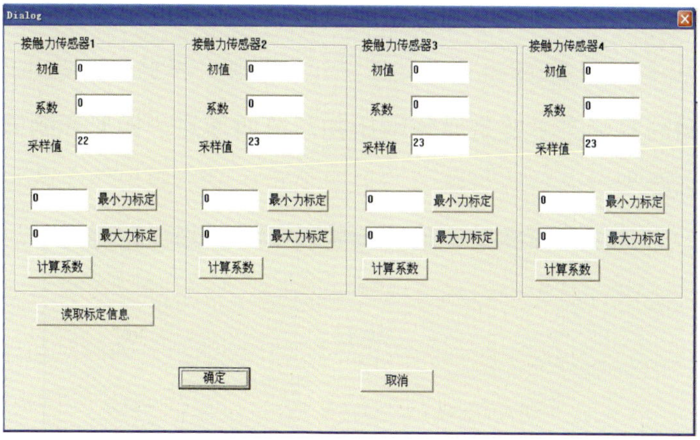

图 2-25　压力标定界面

3. 加速度传感器标定

加速度传感器标定主要是设置加速度的零点。加速度标定界面如图2-26所示。

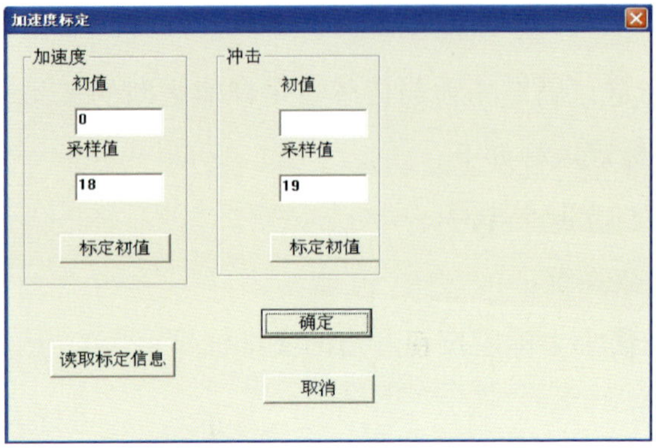

图 2-26　加速度标定界面

标定方法如下：

（1）用支撑杆支起受电弓。

（2）运行采集系统。

（3）点击标定初值按钮。

（4）点击确定按钮。

加速度传感器标定完成。

4. 网压和网流标定

网压和网流标定主要是设置网压和网流的零点。网压和网流标定界面如图2-27所示。

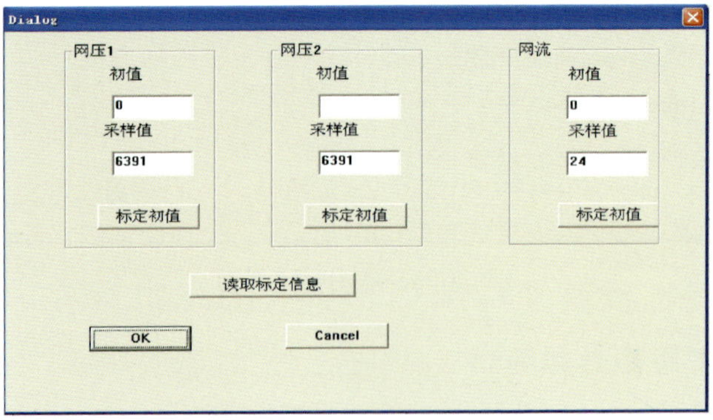

图 2-27　网压和网流标定界面

标定方法如下：

（1）检测车在升弓运行状态下。

（2）运行采集系统。

（3）在过分相位置，点击标定初值按钮。

（4）点击Ok按钮。

网压和网流标定完成。

2.5　常见设备故障及处理方法

2.5.1　几何参数检测系统无法识别相机

在正常开启控制单元及工控机的情况下，几何参数检测系统如果出现无法启动软件，且相机指示灯亮红灯，通常只会有1～2个相机无法识别，如果出现相机全部无法识别时需检查相机供电是否正常，如图2-28所示，需按图2-29所示步骤进行排查。

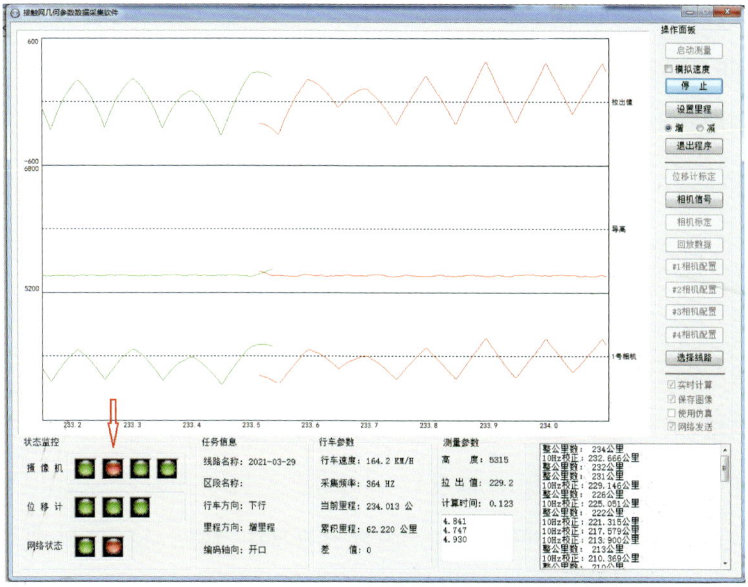

图 2-28　相机指示灯为红色

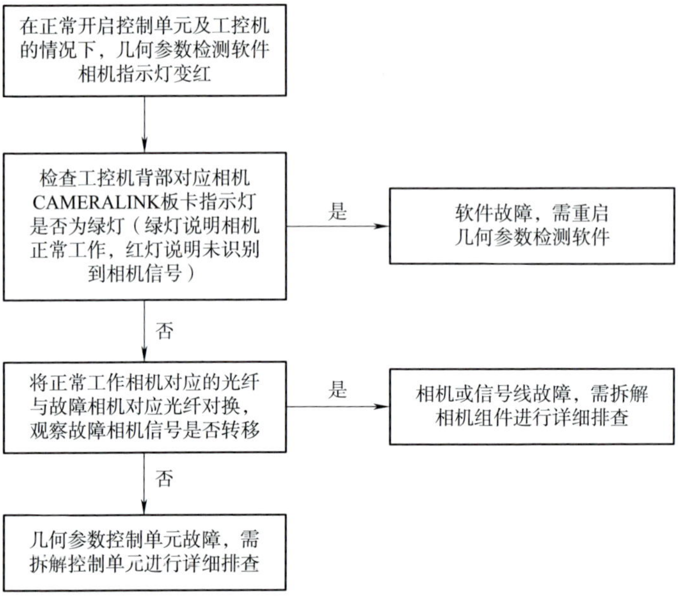

图 2-29　无法识别相机时排查步骤

2.5.2　几何参数检测系统位移计故障

几何参数检测软件主界面位移计指示灯变成红色，同时会出现拉出值整体偏移的现象，这说明位移计的输出电压小于0.5 V或大于9.5 V，此时位移计处于故障状态，应在车辆入库后检查位移计状态，最常见的情况是位移计拉弦断裂，更换拉弦位移计并重新标定即可恢复正常。

2.5.3　几何参数检测系统导高、拉出值偏移

有时几何参数检测系统检测到的导高及拉出值与现场实际数据有一定偏差，这种偏差主要是由以下原因造成的。

车辆检测设备的安装接口由主机厂提供，主要方式为焊接或螺栓固定，车体高度约4 000 mm，出现超过10 mm的误差属于正常现象，但对于检测系统来说这种误差是不可接受的，因此在车辆厂修后应在环铁或联调联试线路进行静态非接触检测，将数据与现场复测数据进行比对，如果发现拉

出值及导高整体基线存在规律性偏移，需修改配置文件（几何参数检测软件根目录下的app_param）中staggeroffset（拉出值）及heightoffset（导高）的基线偏移值，如图2-30所示。

```
staggeroffset = 0
heightoffset = 0
```

图 2-30 配置文件中拉出值与导高偏移值

2.5.4 几何参数检测系统速度值与综合系统速度不一致

几何参数检测系统偶尔会出现与综合系统速度不一致的现象，这种情况多出现在车辆镟轮、换轮、车辆大修后，车辆的轮径值发生改变，综合系统修改了轮径值而几何参数检测系统未同时更新轮径值导致的，解决方法为修改轮径值。

记录里程定位系统的轮径值，将轮径值输入“根据轮径计算采样间距说明_20160817”表格中的轮径一栏中，表格会自动计算出分频系数及分频系数近似取整后的采样点间距，打开配置文件“app_param”，将分频系数填入openspace及closespace项，将采样点间距填入sample_interval项，关闭配置文件，重启几何参数检测软件即可。

2.5.5 弓网视频摄像监视软件无法显示车顶图像

打开弓网视频监视软件后，应能够正常显示本车及远程端图像，如果无法显示图像，应首先查看视频监视计算机的网络连接状态，正常状态下应有本地相机、远端相机及本地局域网三个网络连接，如图2-31所示。

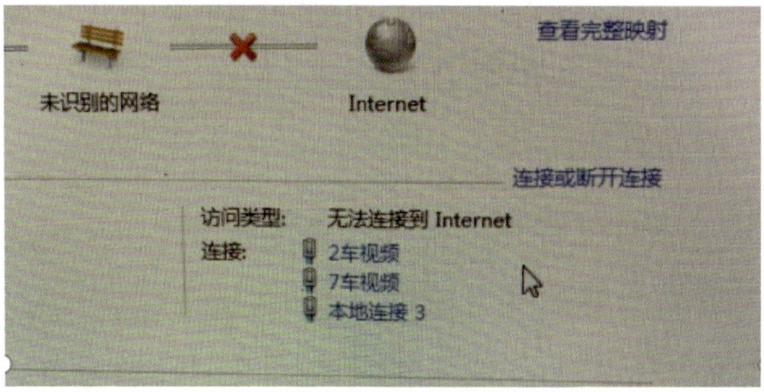

图 2-31 弓网视频监视计算机的网络连接状态

如果相机未正常连接网络，说明相机信号无法传输至视频监视计算机，此时首先检查供电控制单元是否打开。

2.5.6 电池更换注意事项

检查电池电压，电池电压小于10 V，需更换电池；电压大于12 V电池充满。

需要注意的是，更换电池时注意电池正负极，更换电池时电池箱内线缆不要挤压。

2.5.7 加速度传感器故障

设备使用过程中，发现加速度波形异常，更换加速度传感器。加速度波形异常如图2-32所示。

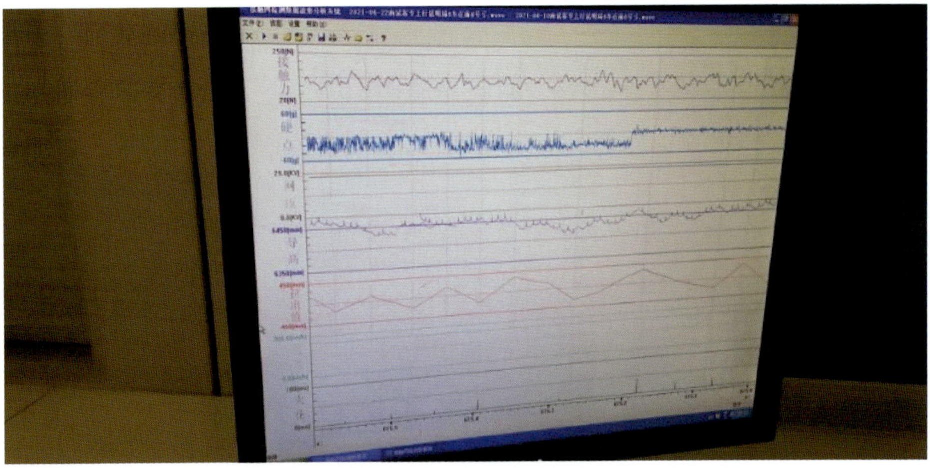

图 2-32 加速度波形异常

采集软件系统自检界面，加速度信号电压值为9 657 mV，加速度传感器故障。加速度信号电压值异常如图2-33所示。

接触式检测系统未能正常接收综合里程时，检测系统不能启动。综合里程信号接收故障如图2-34所示。

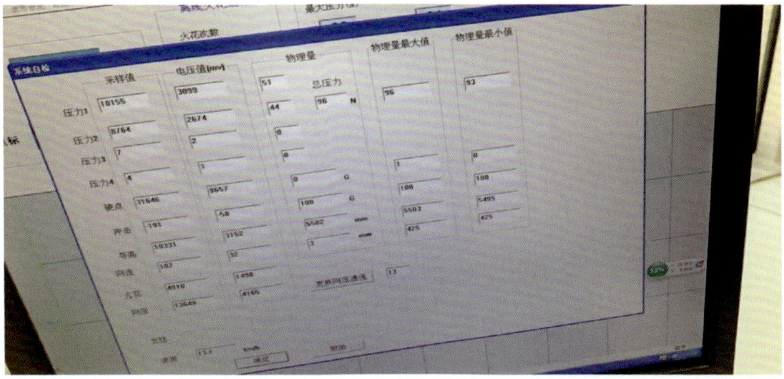

图 2-33　加速度信号电压值异常

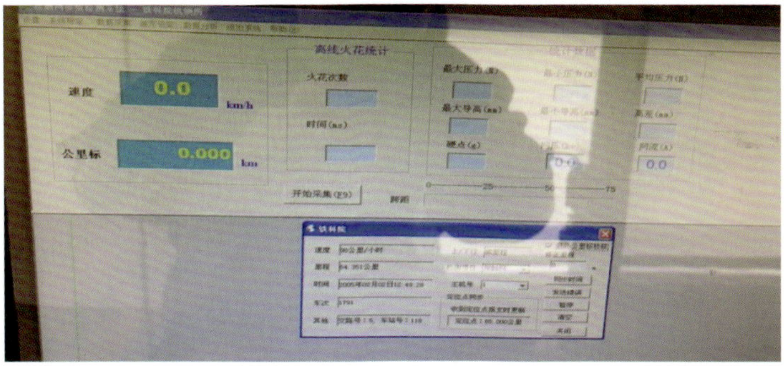

图 2-34　综合里程信号接收故障

2.5.8　采集软件接受不到综合里程信息

打开设备管理器，反射内存卡驱动系统未识别，需要重新插拔反射内存卡。反射内存卡驱动故障如图2-35所示。

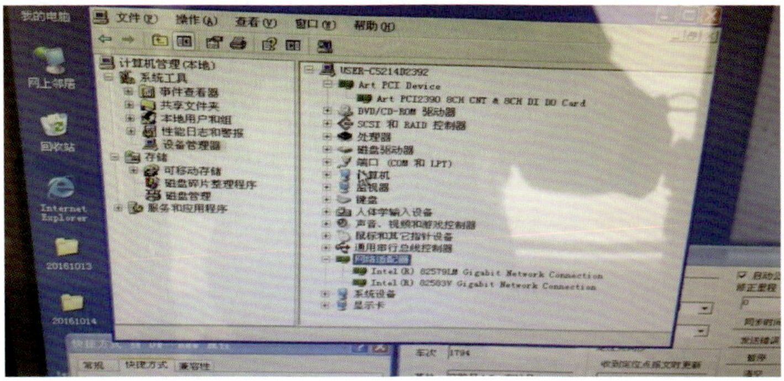

图 2-35　反射内存卡驱动故障

重新插拔反射内存卡，反射内存卡驱动安装正常。反射内存卡驱动正常如图2-36所示。

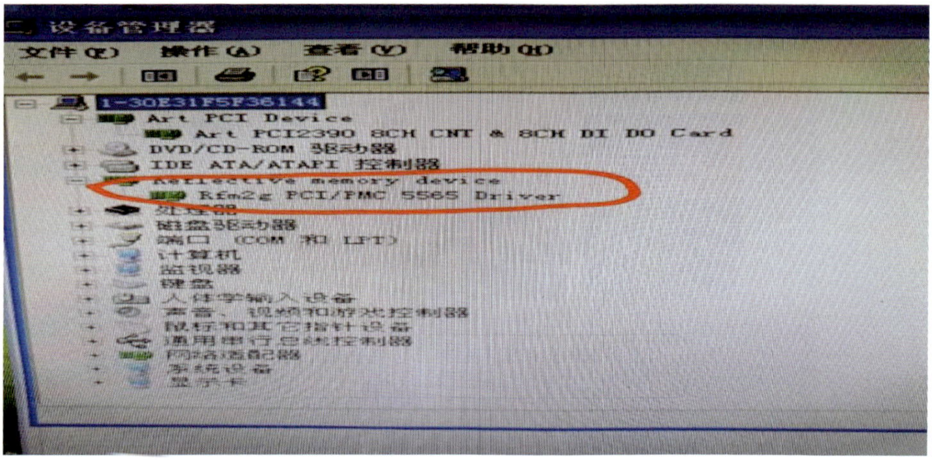

图 2-36　反射内存卡驱动正常

2.5.9　压力传感器波形异常

压力3波形有毛刺，更换压力传感器，信号正常。压力传感器故障如图2-37所示。

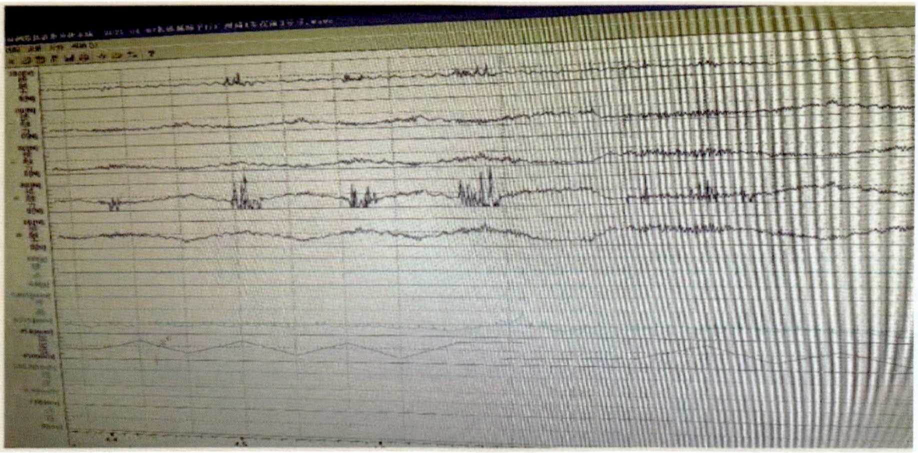

图 2-37　压力传感器故障

2.6 接触网检测评价

2.6.1 局部缺陷诊断

局部缺陷诊断通过对单项指标的阈值管理发现安全隐患并据以确定维修策略，关注接触网“点”缺陷。各项指标的含义及评价方法如下。

2.6.1.1 接触网几何参数

按照不同的应用场景及目的，接触网几何参数可分为静态几何参数和动态几何参数。

1. 接触网静态几何参数

接触网静态几何参数主要用于评价接触网施工或维护质量，与接触网设计参数和施工质量密切相关。以拉出值、接触线高度设计值和静态测量值为依据，对接触网的静态几何参数是否符合设计值要求逐个位置进行诊断。接触网静态几何参数局部缺陷诊断可直接指导运营单位或施工单位对接触网设备进行精修调整，适用于联调联试、运行现场、三级修（精测精修）等场景。

接触网静态几何参数局部缺陷诊断主要是对接触网几何参数静态检测值偏离设计值进行比较，计算测量值偏离设计值的程度，超出允许误差要求可能对受电弓运行造成安全隐患或者设备运行性能不能达到设计目标要求。

接触网静态几何参数要求见TB 10758《高速铁路电力牵引供电工程施工质量验收标准》、TB 10421《铁路电力牵引供电工程施工质量验收标准》、TB 10761《高速铁路工程动态验收技术规范》、Q/CR 842《接触网静态检测评价方法》。

2. 接触网动态几何参数

接触网动态几何参数主要用于评价接触网施工或维护质量，与接触网设计参数、施工质量和弓网运行状态密切相关。以动态拉出值、动态接触线高度检测值为依据，对接触网的动态几何参数是否满足弓网运行安全要求进行诊断。接触网动态几何参数局部缺陷诊断可直接指导运营单位或施工单位对接触网设备进行调整，适用于联调联试、运行现场、三级修（精测精修）等场景。

接触网动态几何参数局部缺陷诊断主要是对接触网几何参数动态检测值与缺陷阈值进行比较，超出阈值可能对受电弓运行造成安全隐患或者影响弓网运行质量，降低设备使用寿命。

接触网动态几何参数要求见TB 10761《高速铁路工程动态验收技术规范》、TB 10461《客货共线铁路工程动态验收技术规范》、Q/CR 841《接触网动态检测评价方法》。

2.6.1.2　弓网动态作用参数

弓网动态作用参数与接触网施工质量和弓网运行状态密切相关，包括接触线平顺性参数和弓网受流参数。接触线平顺性参数以硬点、一跨内接触线高差检测值为依据，对接触网是否满足接触线平顺性要求进行诊断；弓网受流参数以弓网动态接触力（最大值、最小值、平均值、标准偏差）、燃弧（最大燃弧时间、燃弧率、燃弧次数）、定位点处接触线抬升量检测值为依据，对接触网是否满足弓网受流性能要求进行诊断。弓网动态作用参数局部缺陷诊断可直接指导运营单位或施工单位对接触网设备进行调整，适用于联调联试、运行现场、三级修（精测精修）等场景。

弓网动态作用参数局部缺陷诊断主要是对硬点、一跨内接触线高差、弓网接触力、燃弧等与缺陷阈值进行比较，超出阈值可能对受电弓运行造成安全隐患或者影响弓网运行质量，降低设备使用寿命。

接触线平顺性参数和弓网受流参数要求见TB 10761《高速铁路工程动态验收技术规范》、TB 10461《客货共线铁路工程动态验收技术规范》、

Q/CR 841《接触网动态检测评价方法》。

2.6.2 综合状态评价

1. 接触网优良率、合格率

接触网优良率、合格率以接触网动态几何参数、接触线平顺性参数、弓网受流参数检测数据为依据，对接触网的区段质量进行综合评价，反映接触网设备动态运行功能和管理质量。

接触网动态几何参数、接触线平顺性参数、弓网受流参数等各项检测参数的扣分标准以及优良率、合格率、不合格率计算方法见动态检测评价方法。

2. 综合评价指标

随着高速铁路的快速发展，依靠局部评价的方式发现的缺陷越来越少。因此，仅依靠局部评价已无法满足指导养护维修的需求。同时，随着高铁网络的日益扩大，为实现根据接触网实际状态实施预防性状态维修的目标，为合理制定维修策略、分配维修资源提供依据，接触网运营管理部门对进行接触网质量分区段评价的需求日益迫切。

接触网综合状态评价关注接触网的区段整体状态，通过对影响接触网检测数据进行计算，获得设备整体区段质量状态的量化描述，进而指导接触网设备的维修管理。其目的不是消除缺陷，而是为提高接触网性能、优化弓网关系、延长接触网运行寿命、指导维修决策。

根据不同的应用场景，接触网静态质量指数（catenary static quality index，CQI）以及接触网动态性能指数（catenary-pantograph dynamic index，CDI）两个综合评价指标被提出并构建。CQI反映接触网结构空间几何位置偏离设计的程度，评价接触网静态质量。CDI反映弓网关系和受流质量，评价接触网动态性能。两项综合评价指标照接触网的固有结构划分评价单元，评价单元为一个锚段或一个关节式电分相、一个线岔。详细计算方法见Q/CR 842《接触网静态检测评价方法》、Q/CR 841《接触网动态检测评价方法》。

接触网局部缺陷诊断与综合状态评价相结合，构成了完整的接触网评价体系，如图2-38所示。

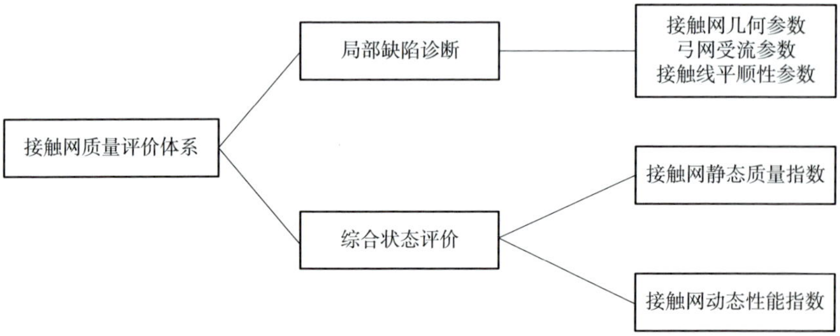

图 2-38　接触网评价体系

2.6.3　接触网检测系统技术指标

接触网检测系统检测性能指标见表2-4。

表 2-4　接触网检测系统检测性能指标

检测项目	测量范围	分辨力	最大允许误差
接触线高度	5 000 mm～7 000 mm	1 mm	±10 mm
拉出值	±625 mm	1 mm	±10 mm
硬点	0～980 m/s^2	10 m/s^2	1%
弓网接触力	0～500 N	1 N	±5 N
燃弧	0～500 ms	2 ms	5%
接触网电压	0～31.5 kV	10 V	±50 V

第3章 接触网检测作业

3.1 检测系统布置

高速接触网检测设备是安装在高速综合检测列车上的固定检测设备，随着综合检测列车的运行，检测接触网几何参数、接触线平顺性、弓网受流性能、接触网性能，检测结果用于指导接触网运行维修。

普速铁路接触网检测设备是安装在接触网检测车、检修作业车或其他专用轨道车辆上的固定检测设备，随着接触网检测车的运行，检测接触网几何参数、接触线平顺性等，检测结果用于指导接触网运行维修。

接触网检测系统主要由接触式检测系统和非接触式检测系统，以及弓网运行视频监视、速度、里程定位等辅助系统构成。主要检测项目包括接触线拉出值、接触线高度、一跨内接触线高差、硬点、弓网接触力、定位器坡度、接触网电压、燃弧、受电弓视频监视等。接触网检测系统车顶布局如图3-1所示。

接触网系统通过数据的采集、信号传输、数据识别处理以及数据显示、存储等流程组成，接触网检测系统总体布局如图3-2所示。

接触网检测系统车顶检测设备根据综合检测车受电弓位置安装，主要分布于4车、6车或者4车、5车等位置，受电弓分布如图3-3所示。

图 3-1　接触网检测系统车顶布局

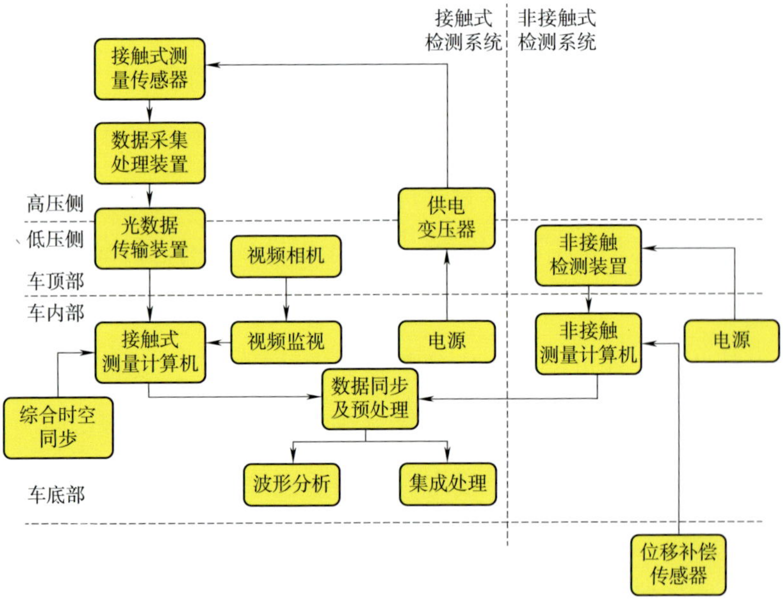

图 3-2　接触网检测系统总体布局

图 3-3　受电弓分布

3.1.1　车顶布置

车顶接触式采集设备主要由4个压力传感器、1个加速度传感器、1台高压数据采集箱、1台供电电源箱、1个激光导高传感器、1个燃弧探测传感器、1台视频监视摄像机、2个视频监视探照灯组成。车顶非接触式采集设备主要由4个非接触检测摄像机、3个非接触检测探照灯组成。接触式和非接触式采集设备分别如图3-4和图3-5所示。

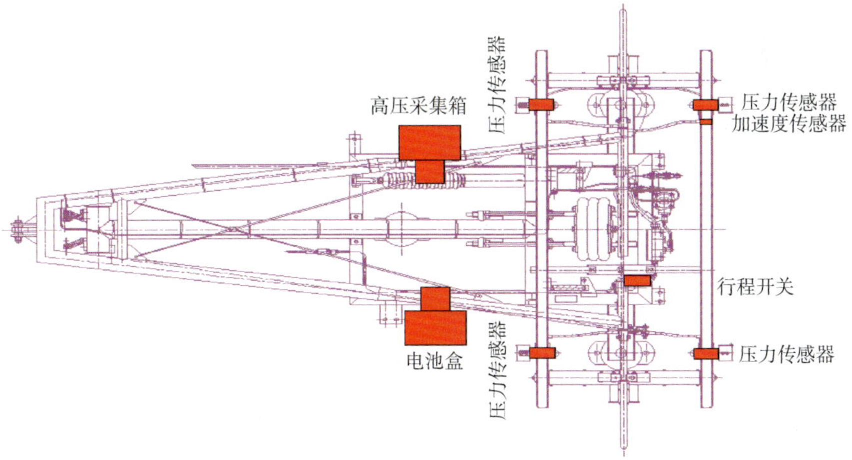

图 3-4　接触式采集设备布置

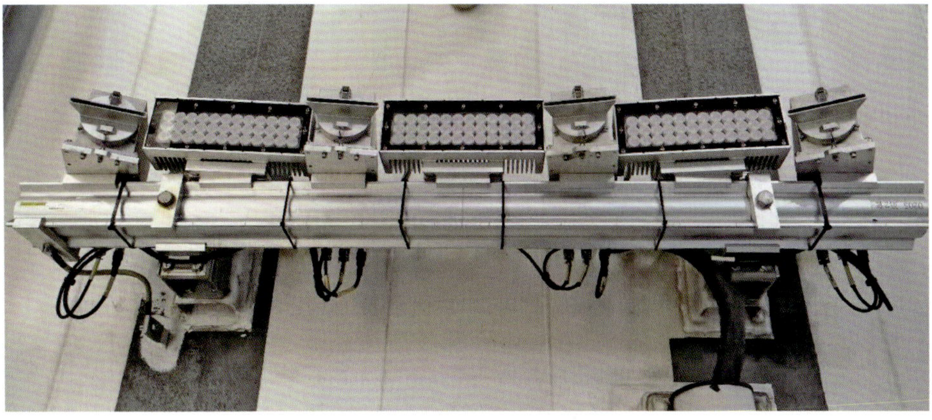

图 3-5　光学非接触式采集设备

3.1.2 车内布置

接触网检测系统车内主要由数据采集计算机、低压处理器、空间同步传输单元、非接触光源控制单元、接触网几何参数采集系统、波形和接触网几何控制计算机、同步和后处理计算机、弓网视频监视计算机、车体位移补偿测量系统和UPS组成，分布图分别如图3-6和图3-7所示。

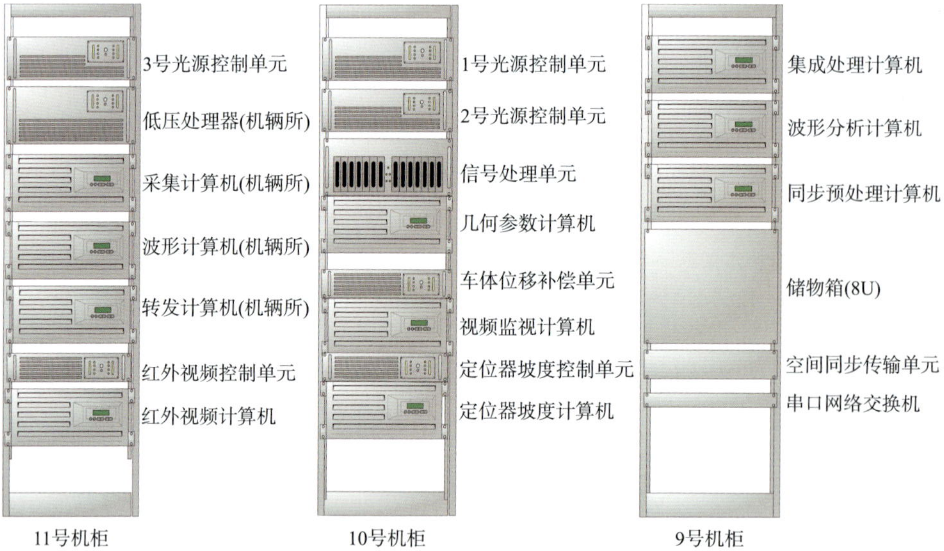

图 3-6　车内数据采集机柜

图 3-7　车内 UPS 电源柜

3.1.3 车底布置

接触网检测系统车底设备主要由2个垂向位移补偿传感器和1个横向位移补偿传感器组成，如图3-8所示。

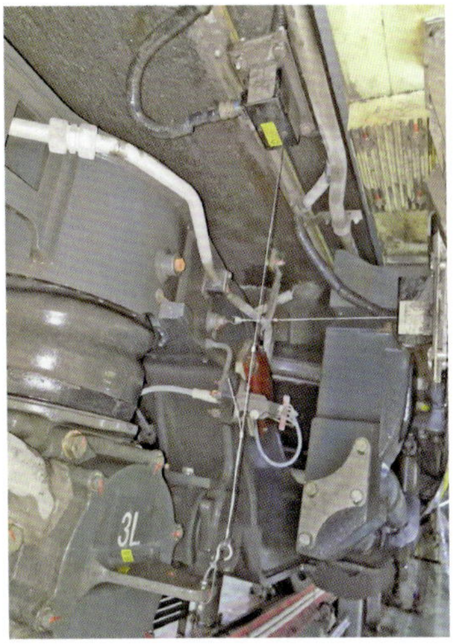

图 3-8 车底位移补偿传感器

3.2 检测系统操作

接触网检测系统配置UPS、接触式低压处理单元、非接触式数据采集单元、空间同步传输单元、视频采集单元、位移补偿控制单元、非接触光源控制单元和控制计算机（接触式、非接触、同步与预处理、集成与后处理、波形、视频监视）。功能如下：

（1）USP控制低压电源开关，为车内检测设备提供不间断电源。

（2）接触式低压处理单元控制接触式检测系统进行数据采集、处理。

（3）非接触式数据采集单元进行非接触检测数据的采集与处理。

（4）空间同步传输单元接收和传送综合系统信息。

（5）弓网视频监视计算机，进行弓网监控视频的采集、显示、存储。

（6）车体位移补偿测量系统车体振动位移补偿系统进行数据采集、处理、和发送。

（7）非接触光源控制单元控制车顶非接触检测系统3个探照灯。

（8）接触式控制计算机，进行接触式检测数据处理、展示、存储及网络发送。

（9）非接触控制计算机，进行非接触检测数据的处理、存储、显示及网络发送。

（10）同步与预处理控制计算机，进行接触式检测系统及非接触式检测系统检测数据的实时同步及预处理，并将同步后的检测数据进行存储及转发。

（11）集成与后处理控制计算机，实时进行弓网检测缺陷判别、输出、编辑等。

（12）波形控制计算机，实时进行弓网检测波形显示、对比、分析、输出等。

3.2.1　硬件操作

3.2.1.1　非接触式检测系统

1. 设备开启

（1）启动UPS电源。

（2）打开光源控制单元，依次开启各光源组件小开关，其中开启各光源组件之间间隔至少2 s。

（3）打开几何参数检测计算机。

（4）打开几何参数检测系统控制机箱左侧的电源，务必等待几何参数检测计算机进入系统桌面后再开启，如在雨雾湿冷天气检测，需打开机箱右侧的加热开关加热光学窗以去除水汽。

（5）对于联调联试应用，打开补偿设备电源；对于动态检测应用，无须打开补偿设备电源。

2. 设备关闭

（1）关闭几何参数检测软件，先点击“停止”按钮停止检测任务，然后点击“退出程序”按钮结束检测软件，关闭工控机。

（2）关闭系统控制机箱的电源，如检测过程中打开了加热开关则应先关闭加热开关再关闭电源开关。

（3）依次关闭各光源组件小开关，关闭光源控制单元电源开关。

（4）关闭补偿设备电源（对应联调联试打开了补偿设备电源的情况）。

（5）待所有检测设备关闭后，关闭UPS。

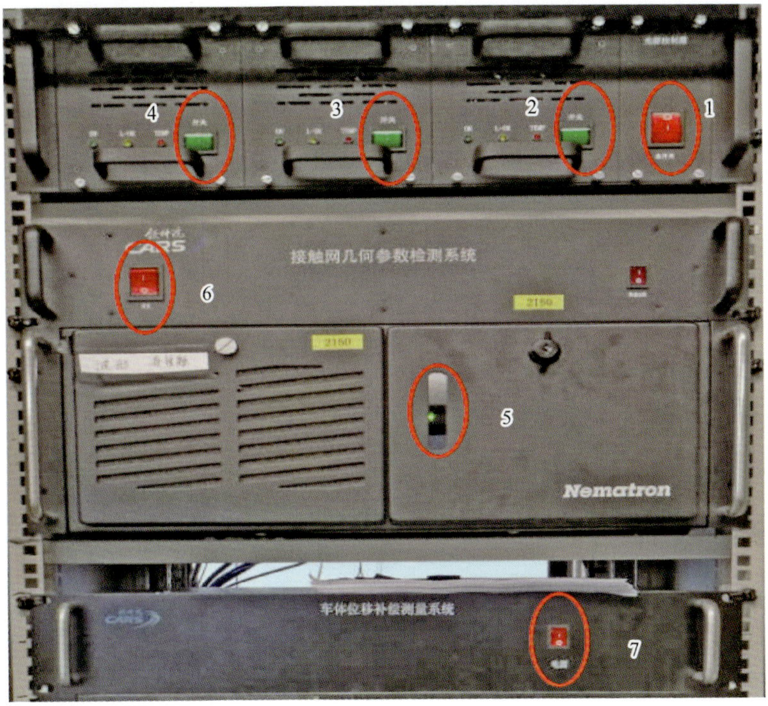

图 3-9 非接触式检测系统车内信号采集处理组件

3.2.1.2 接触式检测系统

1. 设备开启

（1）启动UPS电源。

（2）启动接触式低压处理单元电源开关。

（3）启动接触式工控机。

2. 设备关闭

（1）关闭接触式采集软件及工控机。

（2）关闭接触式低压处理单元电源开关。

（3）待所有检测设备关闭后，关闭UPS。

图 3-10 接触式低压处理单元

3.2.2 软件操作与参数配置

3.2.2.1 接触网几何参数采集软件

1. 软件操作

双击桌面上“接触网几何参数数据采集软件”快捷方式，进入系统，点击操作面板上的“启动测量”，弹出采集任务设置，默认点“确认启动”，即可开始接触网几何参数的检测。“任务线路”“任务区段”采取自动识别功能，不需设置。“起始里程”自动接收综合里程信息，不需设置。“行车方向”和“里程方向”需根据具体运行线路进行“上行、下行”和“增里程、减里程”设置。接触网几何参数数据采集软件运行界面如图3-11所示。关闭检测软件时需先点“停止”按钮，再点击“退出程序”。

2. 参数设置

配置文件app_param.ini位于“D：\接触网非接触式测量程序\debug\”路径下。正常检测情况下，无须修改该配置文件，仅在特定情况下需要修改配置文件的部分参数。配置文件如图3-12所示。

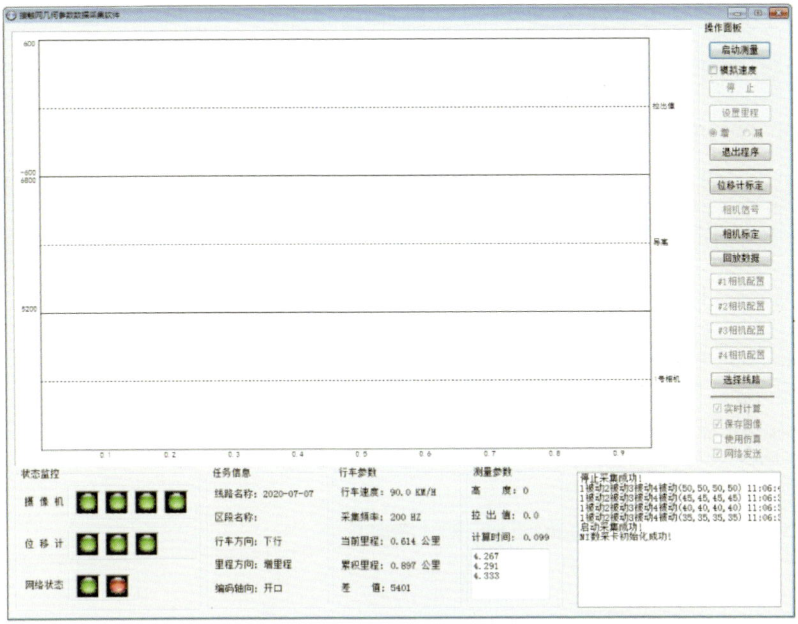

图 3-11 接触网几何参数数据采集软件运行界面

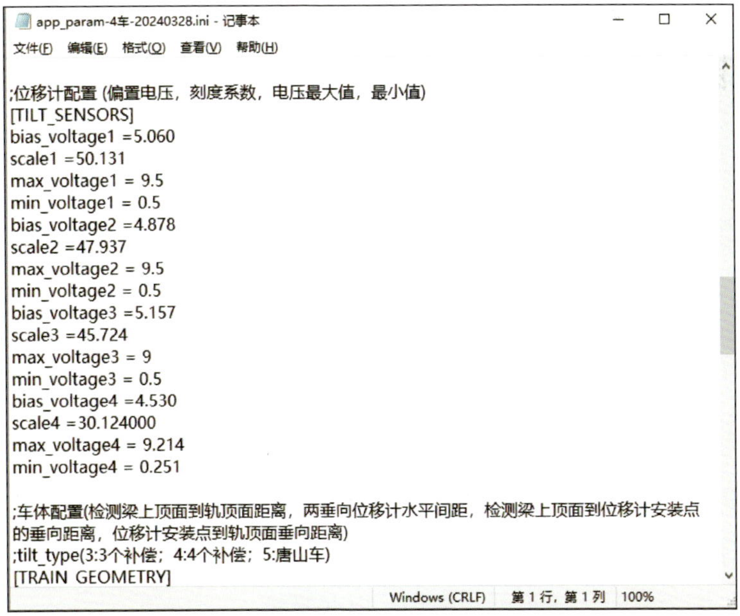


```
;位移计配置 (偏置电压，刻度系数，电压最大值，最小值)
[TILT_SENSORS]
bias_voltage1 =5.060
scale1 =50.131
max_voltage1 = 9.5
min_voltage1 = 0.5
bias_voltage2 =4.878
scale2 =47.937
max_voltage2 = 9.5
min_voltage2 = 0.5
bias_voltage3 =5.157
scale3 =45.724
max_voltage3 = 9
min_voltage3 = 0.5
bias_voltage4 =4.530
scale4 =30.124000
max_voltage4 = 9.214
min_voltage4 = 0.251

;车体配置(检测梁上顶面到轨顶面距离，两垂向位移计水平间距，检测梁上顶面到位移计安装点的垂向距离，位移计安装点到轨顶面垂向距离)
;tilt_type(3:3个补偿；4:4个补偿；5:唐山车)
[TRAIN_GEOMETRY]
```

图 3-12 配置文件

（1）数据发送参数配置

设置几何参数数据采集软件中的配置文件app_param.ini，用文本编辑器打开app_param.ini后，按照系统需要填写对应的信息，设置对应的IP以及对应的端口。修改“local_IP”为本地电脑的IP地址。修改“datasend_IP”为要发送数据到指定电脑的IP地址。修改“data_version”为要发送的数据版本号，1代表旧版本，2代表新版本。IP地址配置界面如图3-13所示。

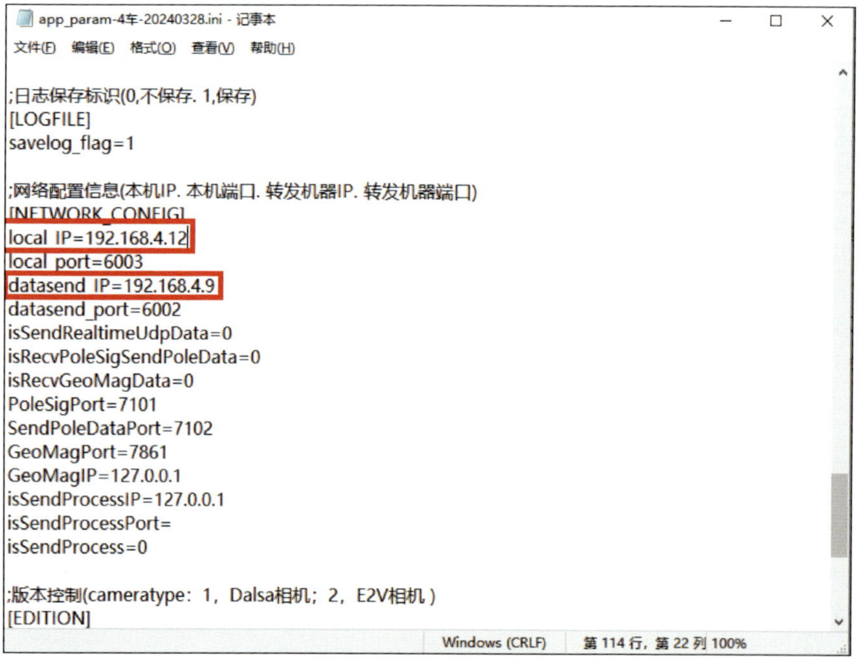

```
app_param-4车-20240328.ini - 记事本
文件(F) 编辑(E) 格式(O) 查看(V) 帮助(H)

;日志保存标识(0,不保存. 1,保存)
[LOGFILE]
savelog_flag=1

;网络配置信息(本机IP. 本机端口. 转发机器IP. 转发机器端口)
[NETWORK_CONFIG]
local_IP=192.168.4.12
local_port=6003
datasend_IP=192.168.4.9
datasend_port=6002
isSendRealtimeUdpData=0
isRecvPoleSigSendPoleData=0
isRecvGeoMagData=0
PoleSigPort=7101
SendPoleDataPort=7102
GeoMagPort=7861
GeoMagIP=127.0.0.1
isSendProcessIP=127.0.0.1
isSendProcessPort=
isSendProcess=0

;版本控制(cameratype：1，Dalsa相机；2，E2V相机）
[EDITION]
Windows (CRLF)    第 114 行，第 22 列 100%
```

图 3-13　IP 地址配置界面

（2）位移计参数设置

在位移计配置[TILT_SENSORS]中，其中，数字1、2、3分别代表左垂向、右垂向和横向位移计的相应参数，如bias_voltage1代表左垂向零点电压，scale1代表左垂向增益，max_voltage1代表左垂向的最大可测电压，min_voltage1代表左垂向的最小可测电压，以此类推。

位移补偿功能控制：此功能允许用户选择是否进行位移补偿计算，执行动态检测任务时选择不进行位移补偿计算，执行联调联试非接触准静态测量时进行位移补偿计算。

在[TRAIN_GEOMETRY]中，“tilt_enable=1”代表进行位移补偿计算，“tilt_enable=0”代表不进行位移补偿计算。

拉弦位移计安装标记配置界面如图3-14所示。

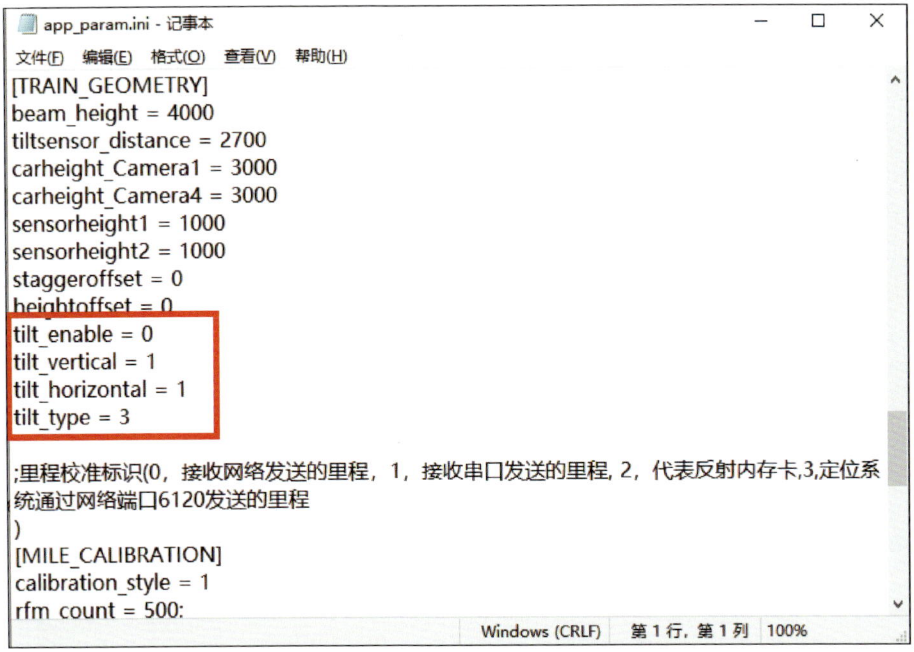

图 3-14 拉弦位移计安装标记配置界面

拉弦位移计安装标记配置见表3-1。

表 3-1 拉弦位移计安装标记配置

位移计参数	设定值	具体说明
垂向位移计安装标记tilt_vertical	1	左垂向位移计在光学梁坐标系下的拉出值正方向（1号相机侧）、右垂向位移计在拉出值负方向（4号相机侧）
	0	左垂向位移计在光学梁坐标系下的拉出值负方向（4号相机侧）、右垂向位移计在拉出值正方向（1号相机侧）

续表

位移计参数	设定值	具体说明
横向位移计安装标记tilt_horizontal	1	情况1：横向位移计的传感器本体和挂钩都安装在拉出值负方向一侧（4号相机侧），传感器本体相对挂钩偏向车辆外侧（4号相机侧），挂钩相对传感器本体偏向车辆中部（1号相机侧） 情况2：横向位移计的传感器本体和挂钩都安装在拉出值正方向一侧（1号相机侧），传感器本体相对挂钩偏向车辆中部（4号相机侧），挂钩相对传感器本体偏向车辆外侧（1号相机侧）
	0	情况3：横向位移计的传感器本体和挂钩都安装在拉出值正方向一侧（1号相机侧），传感器本体相对挂钩偏向车辆外侧（1号相机侧），挂钩相对传感器本体偏向车辆中部（4号相机侧） 情况4：横向位移计的传感器本体和挂钩都安装在拉出值负方向一侧（4号相机侧），传感器本体相对挂钩偏向车辆中部（1号相机侧），挂钩相对传感器本体偏向车辆外侧（4号相机侧）

（3）车体参数配置

车体几何尺寸相关参数为“车体配置”参数配置类中的前6项参数beam_height、tiltsensor_distance、carheight_Camera1、carheight_Camera4、sensorheight1、sensorheight2，这6项参数的数值单位都为mm。车体几何尺寸参数设置如图3-15所示。

图 3-15　车体几何尺寸参数设置

①用卷尺或激光测距仪测量2个垂向拉弦位移计的垂直拉弦之间的水平距离，将测量数值记为tiltsensor_distance的值。

②分别测量左、右垂向位移计安装平面距离轨面的垂直高度，取两者平均值记为sensorheight1和sensorheight2的值，两者保持相等。

③测量车顶光学梁上表面（以梁圆管上方伸出的窄平面为测量基准）至轨面的垂直距离，分别在梁上表面和轨面各伸出一根直杆，用铅垂线做记号或者激光测距仪或者卷尺的方式测量两根直杆之间的垂直高度，可采用激光测距仪直接测量、铅垂线做记号后再测量、卷尺测量等测量方式。

④分别测量光学梁左右两端距相应轨面的垂直距离，取平均值作为beam_height的数值。

⑤carheight_Camera1的值设置为beam_height和sensorheight1的差，不用测量，carheight_Camera1和carheight_Camera4两者的值保持相等。

⑥staggeroffset：默认设置为0，仅当发现高铁直道区间拉出值测量值与现场测量值存在趋势性偏差时才能修改，设置为正值时是在原测量数值基础上加上设置值。此项参数需慎重修改。

⑦heightoffset：默认设置为0，仅当发现高铁直道区间导高测量值与现场测量值存在趋势性偏差时才能修改，设置为正值时是在原测量数值基础上加上设置值。此项参数需慎重修改。

⑧tilt_enable：设置为0，表示不进行补偿计算；设置为1，表示进行补偿计算。

⑨tilt_type：设置为3，表示采用3个拉弦位移计进行补偿计算，目前所有动检车、SY998799、大准网检车车、老沈阳局网检车等采用这种方式；设置为4，表示采用4个拉弦位移计进行补偿计算，试验用途，目前没有采用这种方式；设置为5，表示采用唐源2D进行补偿计算，包括2016年铁总3辆网检车、2017年铁总4辆网检车和2017年铁总5辆高铁网检车采用这种方式。

3.2.2.2 弓网受流性能采集软件

1. 软件操作

运行已经安装好的DW.exe程序，进入系统主界面，如图3-16所示。可以通过该测试软件检测弓网受流性能的各项指标参数。如速度、里程信息以及弓网检测数据的统计值。统计值主要包括最大压力、最小压力、平均压力、硬点、最大导高、最小导高、高差、火花时间和火花次数。同时测量参数的波形也可以同时显示在测试系统的主界面中。

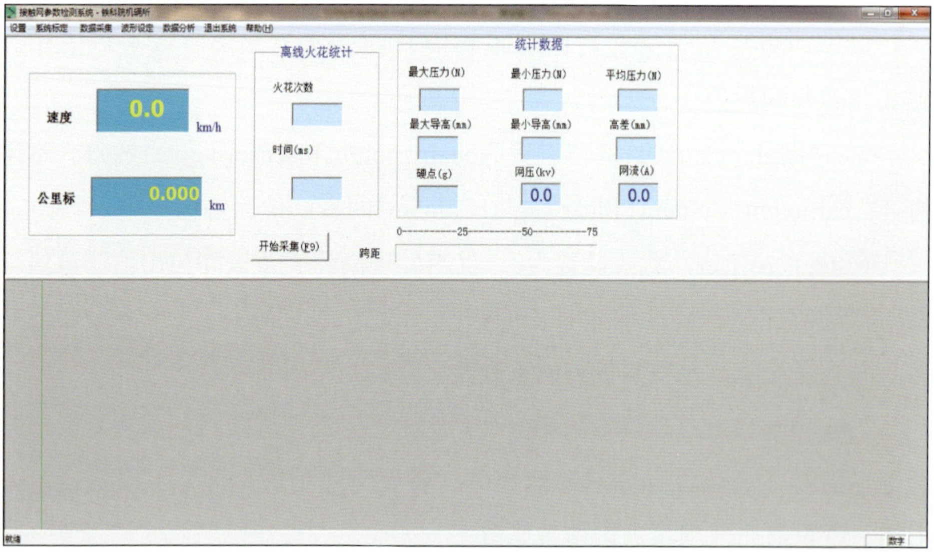

图 3-16 弓网受流性能采集软件系统主界面

选择线路条件。首次使用软件要在系统设置中打开线路条件，通过打开线路条件可以设置测试系统所需要的线路条件（设置→打开线路条件），线路条件文件在软件的根目录中，如图3-17所示。

建立保存路径。打开线路条件后就可以新建保存文件，点击数据保存后弹出窗口，即可选择保存路径和建立文件名称，点击保存后即可保存测试系统所测量的各项检测数据（设置→数据保存），如图3-18所示。

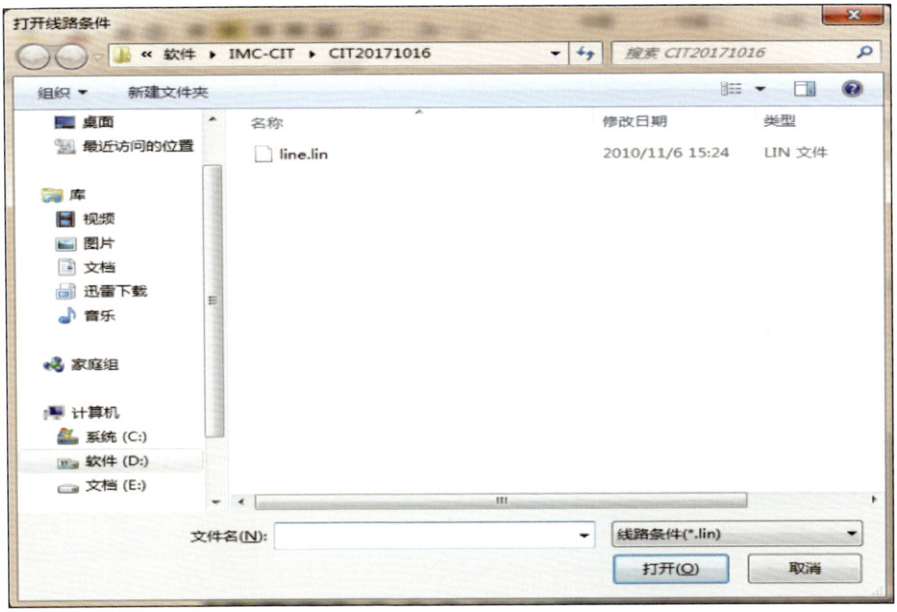

图 3-17 线路文件打开界面

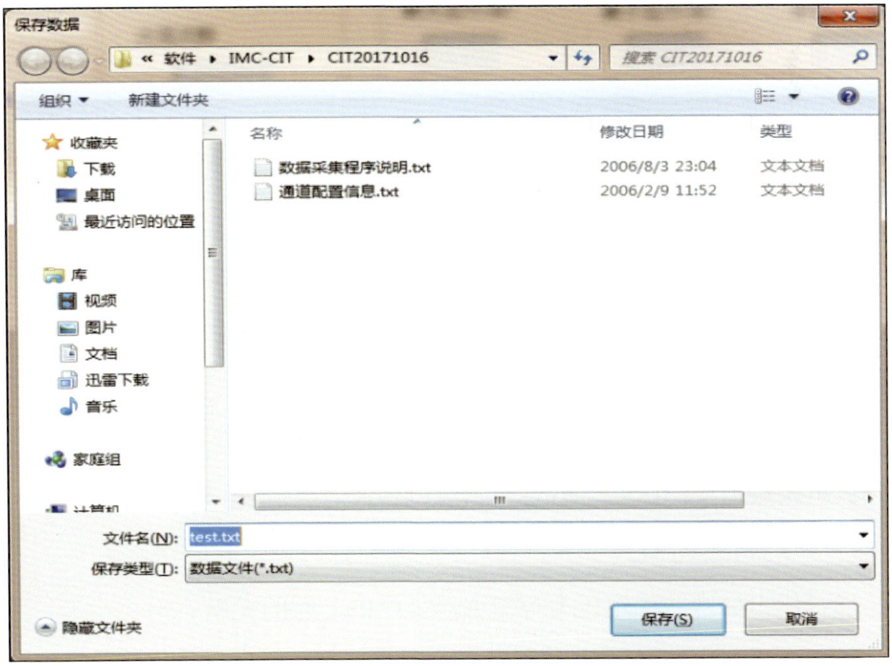

图 3-18 数据保存界面

波形设定。通过波形设定菜单可以操作是否显示所需某项指标的监测波形，以选择需要显示的波形，选择完毕后点击确定按钮即可在主界面显示所需指标的实时监测波形，如图3-19所示。

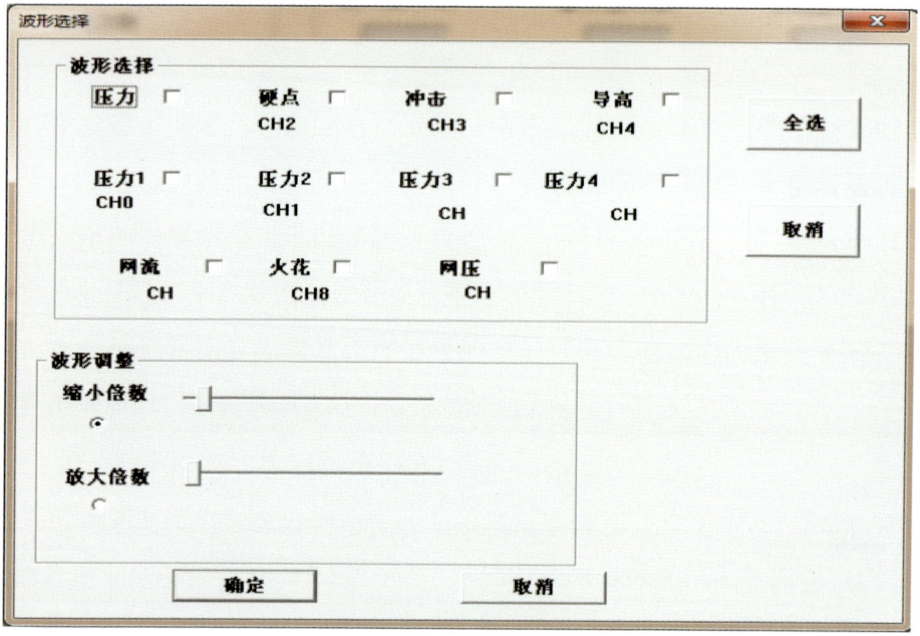

图 3-19　波形选择界面

2. 参数设置

（1）轮径值设定

根据镟轮后的轮径值，在设定菜单中重新设定轮径参数的设置值，以保证系统速度与实际速度一致，如图3-20所示。

完成上述操作之后点击开始采集或F9按键，软件即可对各项指标进行采集，再次点击或F10按键即可停止软件对各项指标进行采集。

（2）压力参数设定

通过压力标定，确定压力与传感器采样值之间的关系。

①用支撑杆支起受电弓。

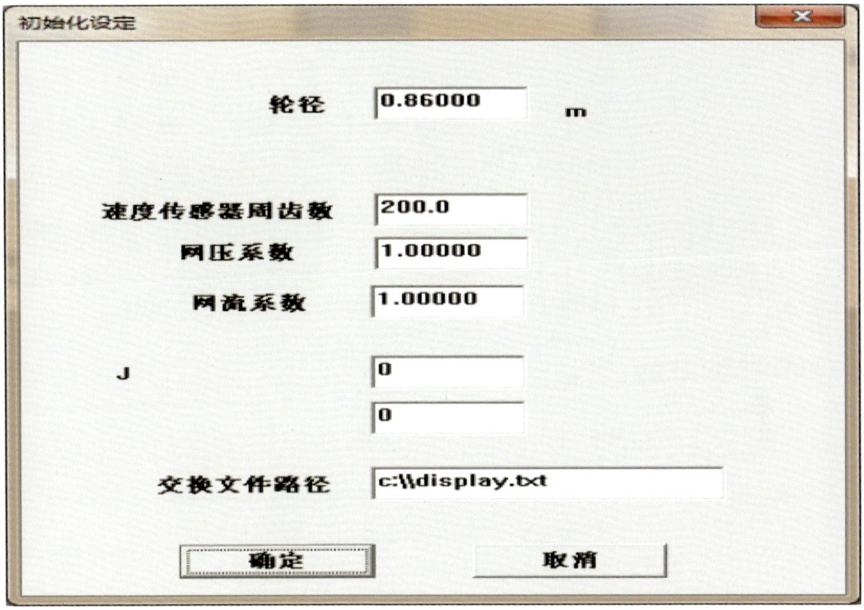

图 3-20 轮径值参数设置

②运行采集系统。

③确认在最小力标定按钮左边的文本框显示为0，然后点击最小力标定按钮。

④路压力标定方法：在滑板上放置标准砝码，在最大力标定按钮左边的文本框输入4 500（选择2个有压力信号值的文本框），然后点击最大力标定按钮。

⑤点击计算系数按钮。

⑥点击确定按钮。

压力参数设定界面如图3-21所示。

（3）加速度传感器参数设定

加速度传感器标定主要是设置加速度的零点。

①用支撑杆支起受电弓。

②运行采集系统。

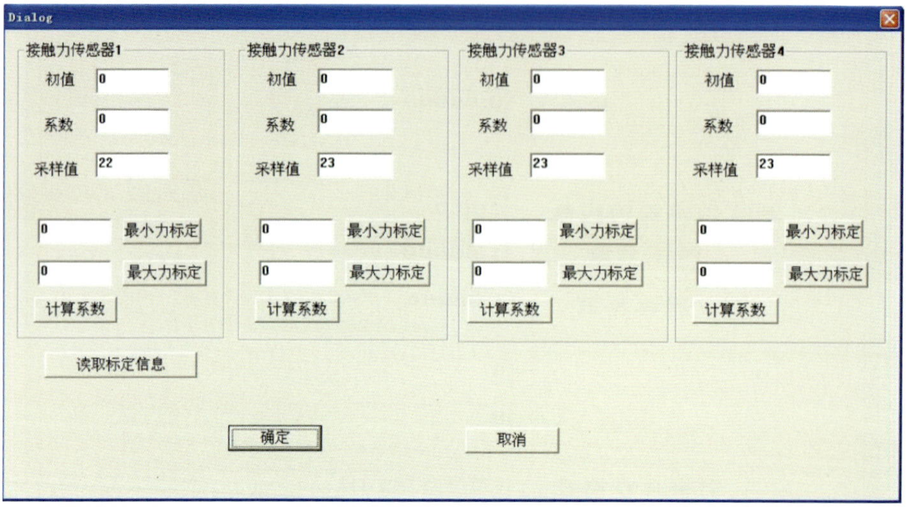

图 3-21　压力参数设定界面

③点击标定初值按钮。

④点击确定按钮。

加速度参数设定界面如图3-22所示。

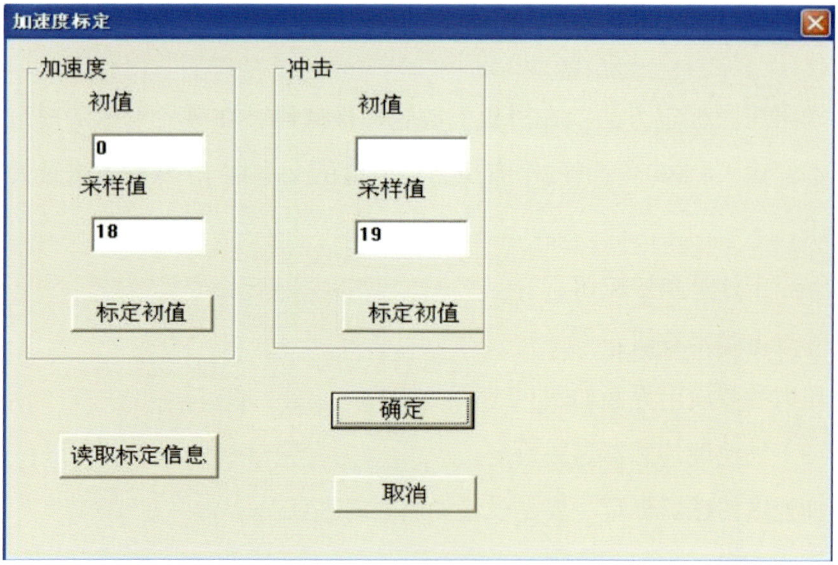

图 3-22　加速度参数设定界面

（4）网压参数设定

网压标定主要是设置网压的零点。

①检测车在升弓停止运行状态下。

②运行采集系统。

③点击标定初值按钮。

④点击OK按钮。

网压参数设定界面如图3-23所示。

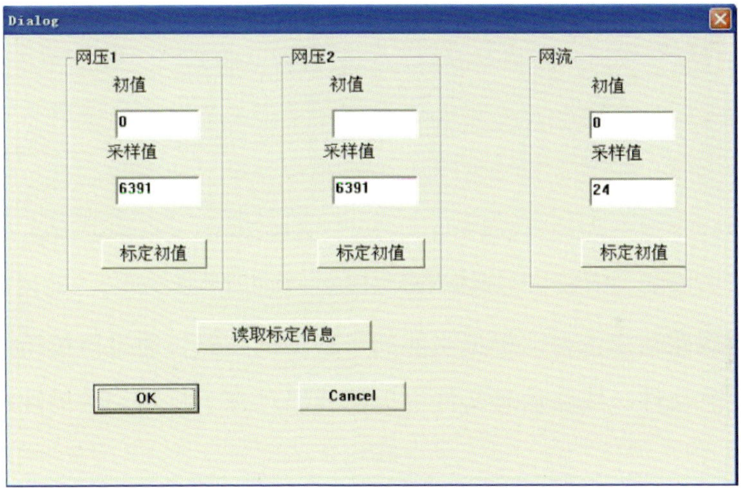

图 3-23 网压参数设定界面

3.2.2.3 接触网数据同步与预处理软件

接触网数据同步预处理软件的主要功能是对弓网动态作用参数检测系统、接触网几何参数检测系统、供电参数检测系统等子系统的检测数据进行数据同步及数据预处理。其通过接收各检测子系统的检测参数数据作为输入，以各检测数据的里程进行检测数据的同步合成。同时，根据各检测参数的特点，在进行数据同步合成后，进行必要的检测数据预处理。

弓网检测数据同步与预处理软件界面如图3-24所示，主要包括以下几个部分。

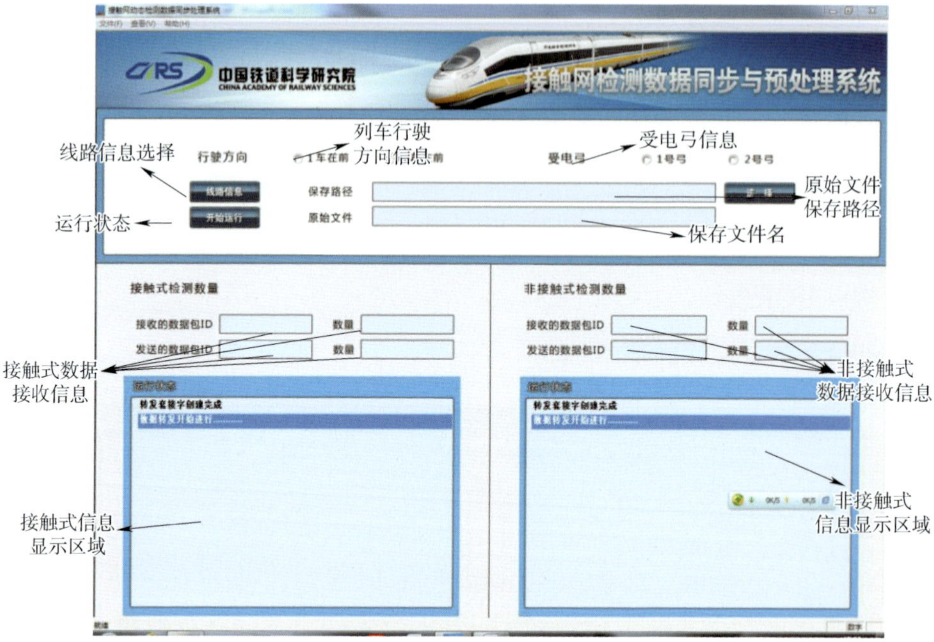

图 3-24　弓网检测数据同步与预处理软件界面

（1）线路信息选择。根据当前列车检测的线路，通过该按钮选择相应的线路信息文件。线路信息文件中包括线路名称、行别、各局管辖里程等信息。

（2）列车行驶方向信息。根据检测列车运行方向，选择相应的列车行驶方向。

（3）受电弓信息。根据检测列车的升弓情况，选择相应的检测受电弓。

（4）运行状态。通过点击此按键，控制弓网检测数据同步与预处理软件的运行及停止状态。

（5）原始文件保存路径。通过点击“路径”按钮，或输入路径信息，确定原始数据文件的保存路径。

（6）文件名。原始数据的保存文件名；系统根据检测列车的行驶方向、检测受电弓的使用、检测线路名称、行别及局别信息自动生成原始文件名称。

（7）接触式数据接收信息。提供弓网检测系统接触式检测子系统与接触网数据同步与预处理软件的数据包接收信息，包括接收到的数据包ID，接收到的数据包数量，已发送的数据包ID，已发送的数据包数量。

（8）非接触式数据接收信息。提供弓网检测系统非接触式检测子系统与接触网数据同步与预处理软件的数据包接收信息，包括接收到的数据包ID，接收到的数据包数量，已发送的数据包ID，已发送的数据包数量。

（9）接触式信息显示区域。提供弓网检测系统接触式检测子系统与接触网数据同步与预处理软件的网络连接信息及接触式系统的运行状态信息。

（10）非接触式信息显示区域。提供弓网检测系统非接触式检测子系统与接触网数据同步与预处理软件的网络连接信息及非接触式系统的运行状态信息。

1. 软件操作

（1）点击接触网数据同步预处理软件启动程序。

（2）根据实际检测需要选择行驶方向、受电弓、原始文件保存路径及线路信息。线路信息选择根据当前列车检测的线路，通过该按钮选择相应的线路信息文件。线路信息文件中包括线路名称、行别、各局管辖里程等信息。

①列车行驶方向信息：根据检测列车运行方向，选择相应的列车行驶方向。

②受电弓信息；根据检测列车的升弓情况，选择相应的检测受电弓。

③运行状态：通过点击此按键，控制接触网检测数据同步与预处理软件的运行及停止状态。

④原始文件保存路径：通过点击“选择”按钮，或输入路径信息，确定原始数据文件的保存路径。

⑤原始数据的保存文件名：系统根据检测列车的行驶方向、检测受电

弓的使用、线路名称、行别及局别信息自动生成原始文件名称。

（3）点击开始运行。

（4）检测结束后点击停止运行，关闭软件。

具体操作如图3-25～图3-30所示。

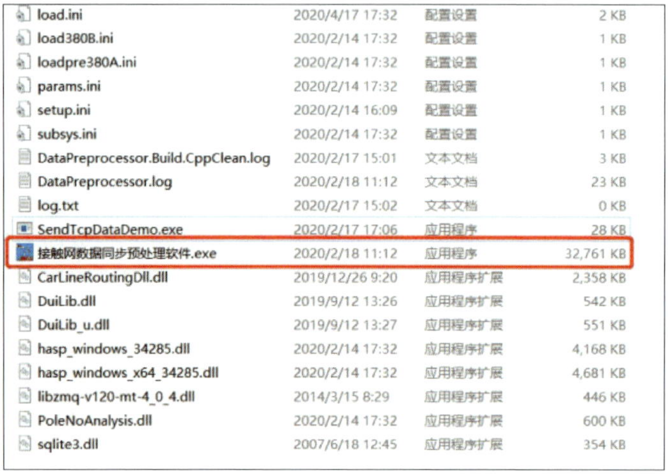

图 3-25　启动程序

图 3-26　程序启动后显示界面

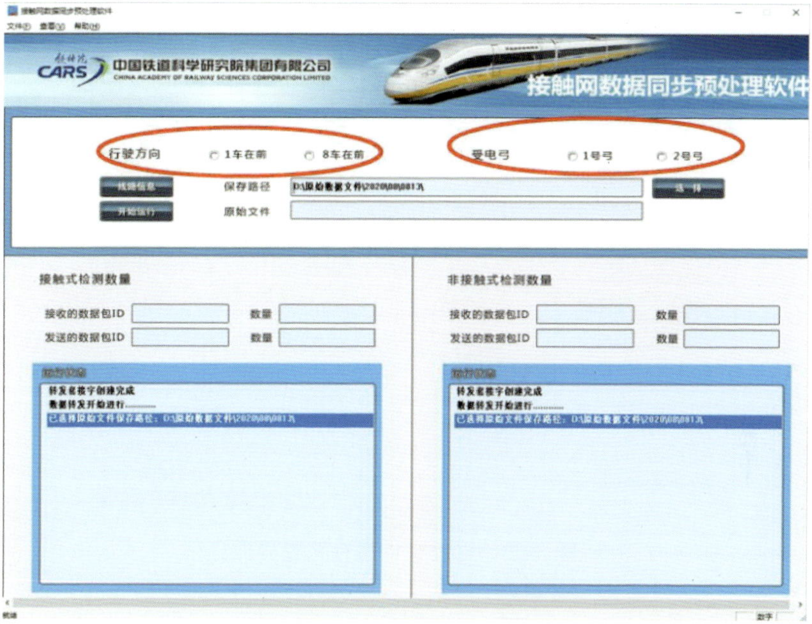

图 3-27　选择行驶方向界面

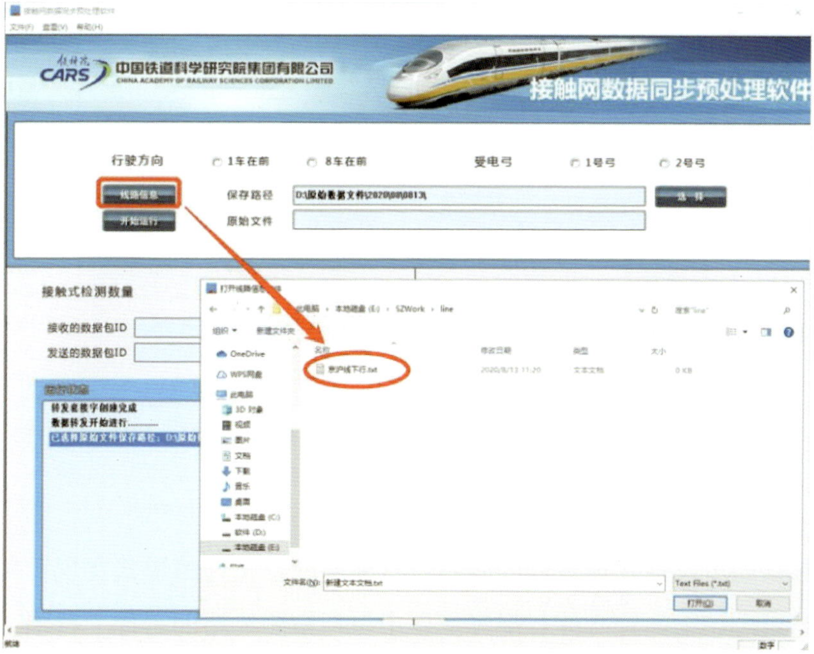

图 3-28　选择线路信息界面

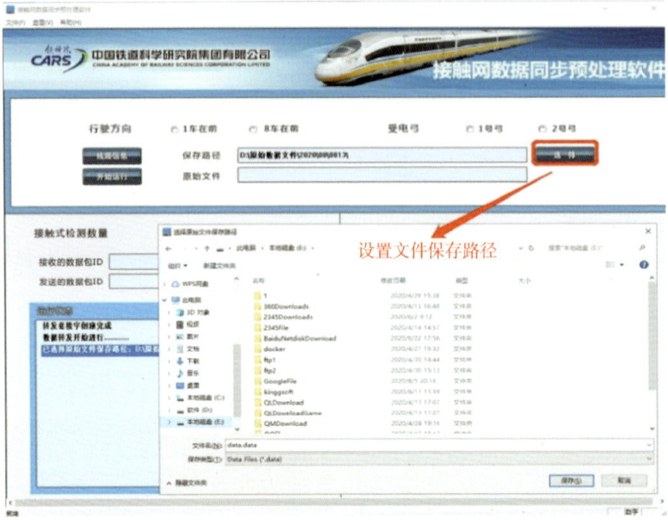

图 3-29　选择文件保存路径界面

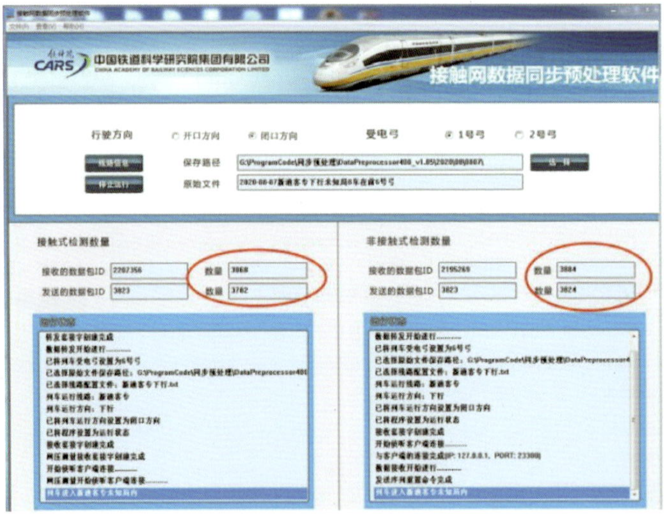

图 3-30　查看数据接收和传输数量界面

2. 参数设置

数据同步及预处理软件的线路信息采用配置文件的形式实现，每条检测线路对应一个配置文件，配置文件中包括检测线路的名称、行别、里程变化、路局管辖范围等信息，线路信息文件内容如图3-31所示。

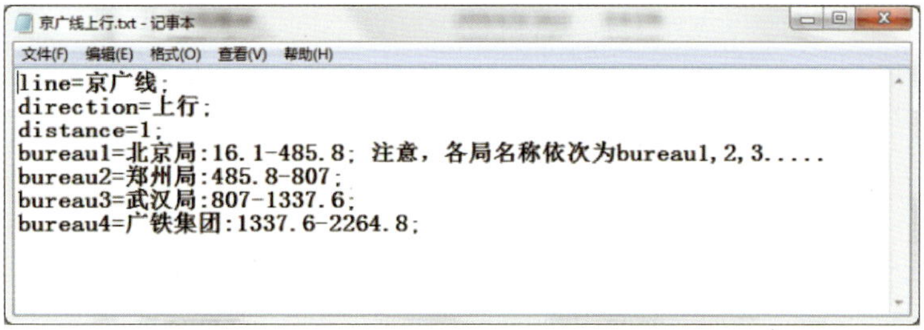

图 3-31　线路信息文件内容

使用线路信息文件可以实现列车检测位置所属路局的自动识别及不同检测线路的连续检测，在新增加检测线路的情况下也可方便地对线路信息进行配置修改。程序的配置文件位置，如图3-32所示。

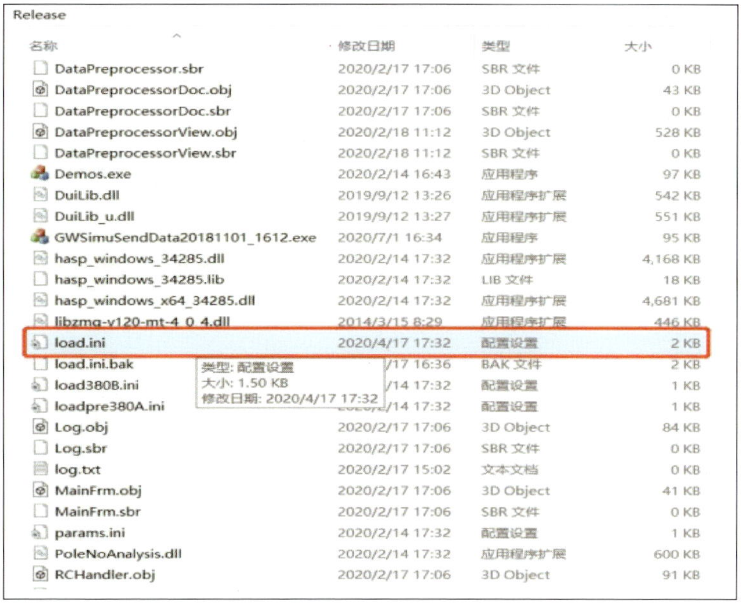

图 3-32　load.ini 配置文件位置

打开load.ini配置文件后，按照系统需要填写对应的信息，设置动检版本和网检车版本以及必需的接受服务器发送的数据的IP地址，load.ini配置文件信息如图3-33所示。

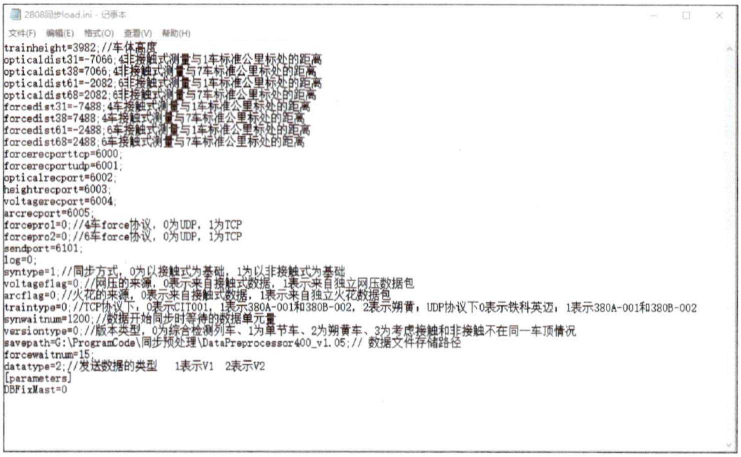

```
2808同步load.ini - 记事本
文件(F)  编辑(E)  格式(O)  查看(V)  帮助(H)
trainheight=3982;//车体高度
opticaldist31=-7066;4非接触式测量与1车标准公里标处的距离
opticaldist38=7066;4非接触式测量与7车标准公里标处的距离
opticaldist61=-2082;6非接触式测量与1车标准公里标处的距离
opticaldist68=2082;6非接触式测量与7车标准公里标处的距离
forcedist31=-7488;4车接触式测量与1车标准公里标处的距离
forcedist38=7488;4车接触式测量与7车标准公里标处的距离
forcedist61=-2488;6车接触式测量与1车标准公里标处的距离
forcedist68=2488;6车接触式测量与7车标准公里标处的距离
forcerecporttcp=6000;
forcerecportudp=6001;
opticalrecport=6002;
heightrecport=6003;
voltagerecport=6004;
arcrecport=6005;
forcepro1=0;//4车force协议，0为UDP，1为TCP
forcepro2=0;//6车force协议，0为UDP，1为TCP
sendport=6101;
log=0;
syntype=1;//同步方式，0为以接触式为基础，1为以非接触式为基础
voltageflag=0;//网压的来源，0表示来自接触式数据，1表示来自独立网压数据包
arcflag=0;//火花的来源，0表示来自接触式数据，1表示来自独立火花数据包
traintype=0;//TCP协议下，0表示CIT001，1表示380A-001和380B-002，2表示朔黄，UDP协议下0表示铁科英迈，1表示380A-001和380B-002
synwaitnum=1200;//数据开始同步时等待的数据单元量
versiontype=0;//版本类型，0为综合检测列车、1为单节车、2为朔黄车、3为考虑接触和非接触不在同一车顶情况
savepath=G:\ProgramCode\同步预处理\DataPreprocessor400_v1.05;// 数据文件存储路径
forcewaitnum=15;
datatype=2;//发送数据的类型    1表示V1   2表示V2
[parameters]
DBFixMast=0
```

图 3-33　load.ini 配置文件信息

根据检测设备实际安装情况参数说明见表3-2。

表 3-2　load.ini 配置文件主要参数

配置项	说　明
trainheight	车体高度
opticaldist31	3车非接触式测量与1车标准公里标处的距离，单位：cm。表后附具体的配置说明
opticaldist38	3车非接触式测量与8车标准公里标处的距离，单位：cm
opticaldist61	6车非接触式测量与1车标准公里标处的距离，单位：cm
opticaldist68	6车非接触式测量与8车标准公里标处的距离，单位：cm
forcedist31	3车接触式测量与1车标准公里标处的距离，单位：cm
forcedist38	3车接触式测量与8车标准公里标处的距离，单位：cm
forcedist61	6车接触式测量与1车标准公里标处的距离，单位：cm
forcedist68	6车接触式测量与8车标准公里标处的距离，单位：cm
forcepro1	3车force协议，0为UDP，1为TCP。除DB接触式检测系统外，其余接触式检测系统均为UDP协议
forcepro2	6车force协议，0为UDP，1为TCP
syntype	0为以接触式为基础，1为以非接触式为基础
datatype	发送数据的类型，1表示V1，2表示V2

续表

配置项	说明
forcerecporttcp	force协议TCP端口号
forcerecportudp	force协议udp端口号
opticalrecport	数据接收端口号
heightrecport	height端口号
voltagerecport	网压测量接收端口号
arcrecport	火花测量接收端口号
sendport	发送端口号
DBFixMast	数据杆号修正功能，0为不启用，1为启用
voltageflag	网压的来源，0表示来自接触式数据，1表示来自独立网压数据包
arcflag	火花的来源，0表示来自接触式数据，1表示来自独立火花数据包
arcDirectionChange	0火花时间与火花次数数据保持不变，1调换火花时间和火花次数
traintype	TCP协议下：0表示CIT001，1表示380A-001和380B-002，2表示朔黄；UDP协议下0表示铁科英迈；1表示380A-001和380B-002
synwaitnum	数据开始同步时等待的数据单元量
versiontype	版本类型，0为综合检测列车，1为单节车，2为朔黄车，3为考虑接触和非接触不在同一车顶情况
savepath	数据文件存储路径
forcewaitnum	接触式可以暂停同步的次数，默认15次
isUseTcp	是否发送TCP数据0表示不发送1表示发送
isOpenJL	是否打开交路，0表示不打开，1表示打开

3. 校正公里标配置说明

（1）标准公里标指的是综合公里标所在位置，通常以射频标签安装位置为准。

（2）以非接触式检测系统为例，给出距离定义。如果接触式和非接触式检测系统位于同一断面，那么opticaldist31=forcedist31，依此类推。

（3）如果全车只有一套标准公里标，那么就要将opticaldist38的值写为-opticaldist31值，对应的opticaldist68写成-opticaldist61。forcedist38和forcedist68依此类推。例如：opticaldist31=150，那么opticaldist38=-150。

（4）opticaldist31里的数字3和1代表的是相对的概念，3代表车厢号较小的受电弓所在位置，1代表车厢号较小的标准公里标所在位置。例如，某综合检测列车受电弓位于4车和5车，标准公里标位于2车，那么opticaldist31代表的是4车受电弓距离2车标准公里标的距离。弓网检测设备相对标准公里标位置关系如图3-34所示。

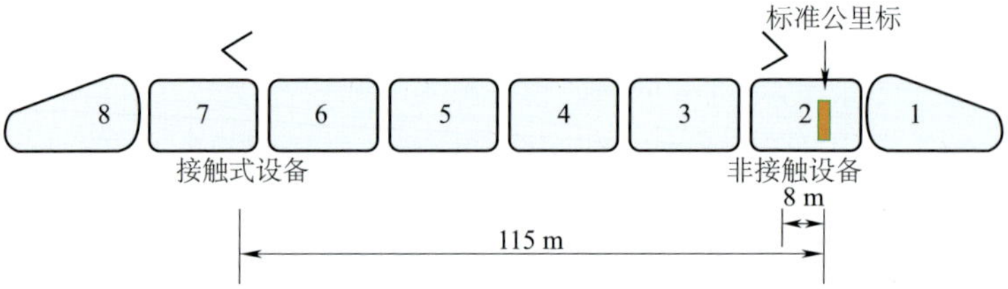

图 3-34　弓网检测设备相对标准公里标位置关系

4. 接触网数据集成处理软件

弓网检测数据集成与处理软件主要由数据源管理、超限实时超编、超限数据报表、汇总统计图表、系统维护等模块组成，其处理界面如图3-35所示。

图 3-35　弓网检测数据集成及处理软件数据分析处理界面

（1）数据源管理模块

模块具有在实时检测过程中，对本次检测生成的数据源信息进行修改的功能，可以把本次检测过程的一些设备运行信息、天气信息及一些特殊情况，随时存储到数据库中。

（2）数据实时分析处理模块

该模块包括接收数据、实时监测、统计分析、超限判断、限编辑、数据存储、标号显示等功能。通过UDP协议实时接收、解析弓网检测数据同步及预处理软件发送的检测数据的网络数据包。对压力1传感器、压力2传感器、压力3传感器、压力4传感器、导高传感器、硬点传感器等进行实时监测，自动判断有无超出传感器量程的检测数据，并发出警报信息。对一跨内各检测参数的检测值进行统计、计算、分析并将结果存储到数据库中。根据当前的运行速度，结合各检测参数的检测标准进行自动超限判断，并自动在“基础信息数据库”中查找缺陷所在的区间和对应的支柱号，经人工确认后，最后将超限数据存储到超限数据库中。

3.2.2.4　软件操作

实时检测过程中，弓网检测数据集成及处理软件提供了缺陷报表综合管理功能，检测人员可以随时进行缺陷报表处理，不会影响数据实时分析处理功能。

1. 开启软件

点击菜单“数据采集”下的“高级开始采集”开启检测，如图3-36所示。

2. 选择默认检测编号

软件自动识别最近检测的线路，如果需要指定最近检测的线路可以点掉勾选后在下方日期框输入上次的检测日期，然后点击确定，如图3-37所示。

图 3-36　点击高级开始采集界面

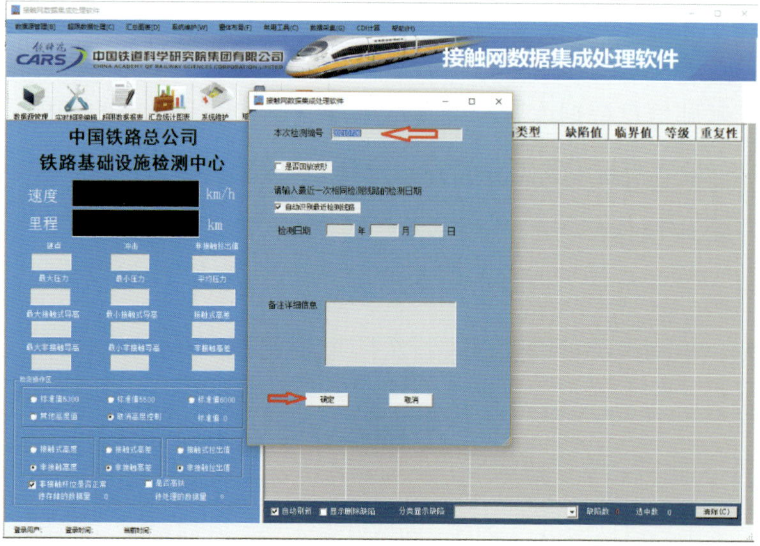

图 3-37　设置采集条件界面

软件检测运行界面，如图3-38所示。

3. 缺陷信息展示

检测时缺陷显示操作区，如图3-39所示。

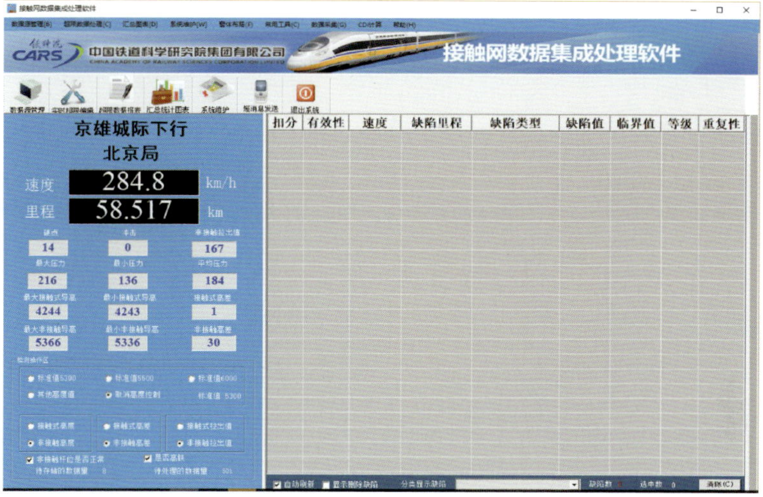

图 3-38　数据处理界面

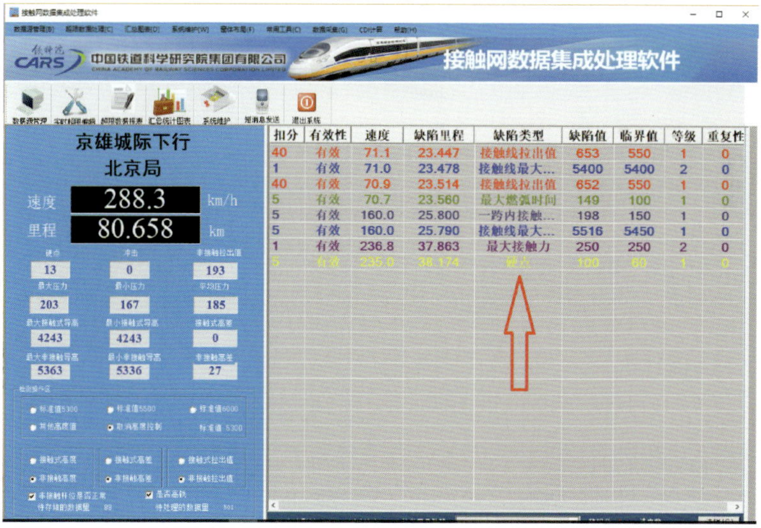

图 3-39　缺陷信息展示区域界面

4. 缺陷编辑

选择操作的缺陷条目点击鼠标右键弹出操作选择，如图3-40和图3-41所示，选择修改缺陷值，对缺陷进行修改。缺陷删除和缺陷恢复除可以多选操作外与此操作类似。

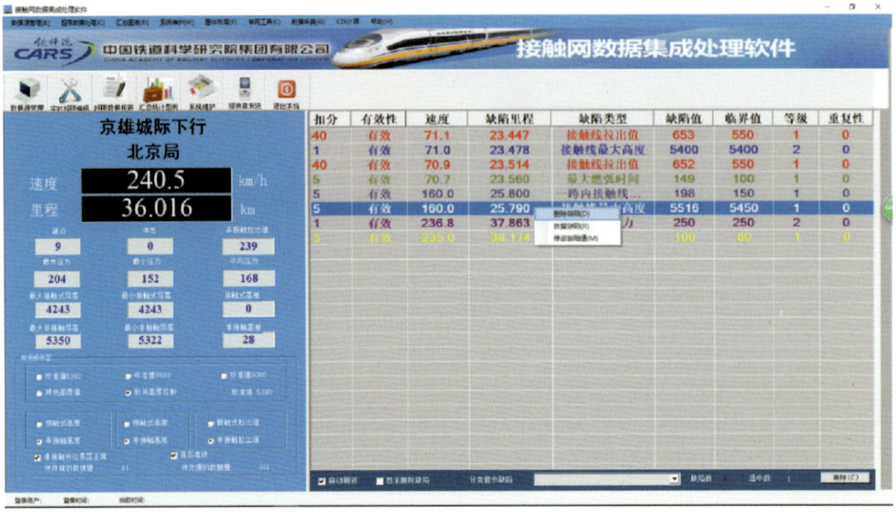

图 3-40　缺陷编辑界面

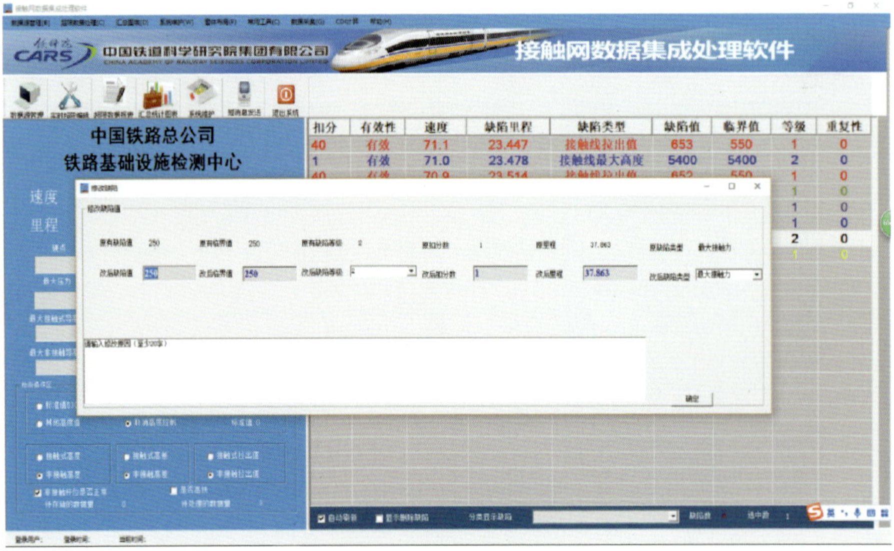

图 3-41　缺陷修改界面

5. 缺陷分类

通过点击缺陷分类显示下拉框，实现仅显示选择缺陷类型的缺陷，如图3-42所示。

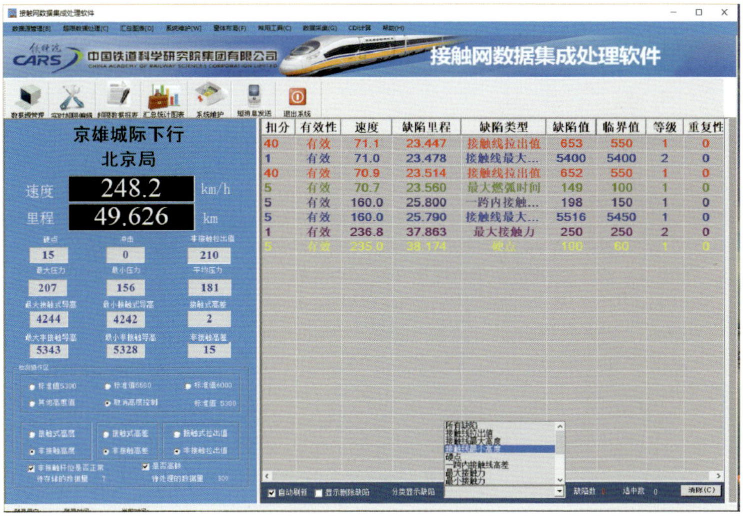

图 3-42　缺陷分类界面

6. 检测缺陷控制

通过超限数据处理下拉菜单中的检测缺陷控制，完成检测缺陷项目的选择，如图3-43和图3-44所示。

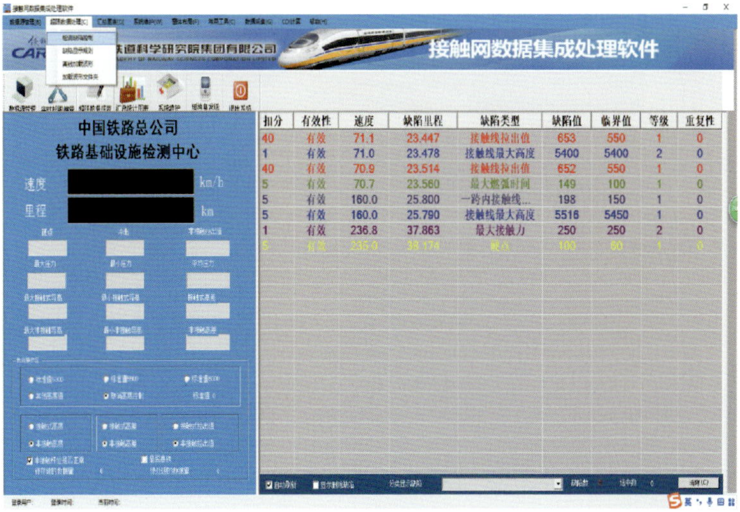

图 3-43　检测缺陷控制界面

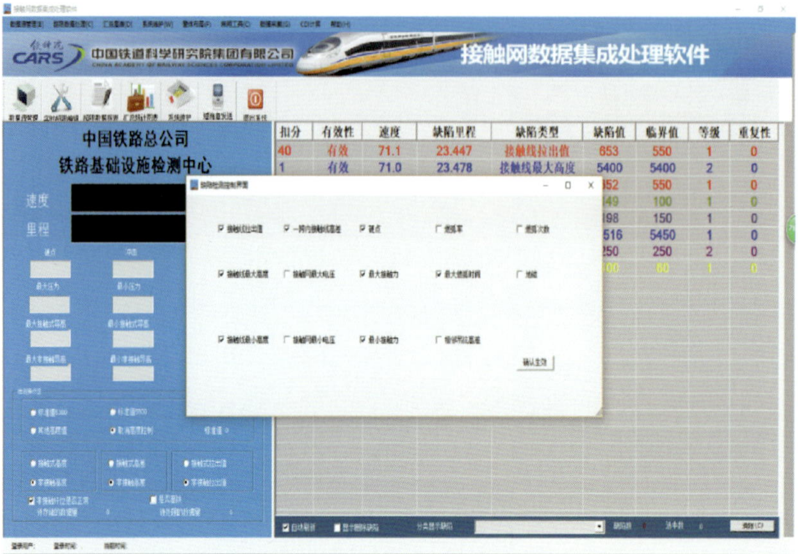

图 3-44　检测缺陷项目选择界面

7. 缺陷等级显示规则

根据动态检测标准要求，完成检测项目的一级、二级缺陷显示，如图3-45和图3-46所示。

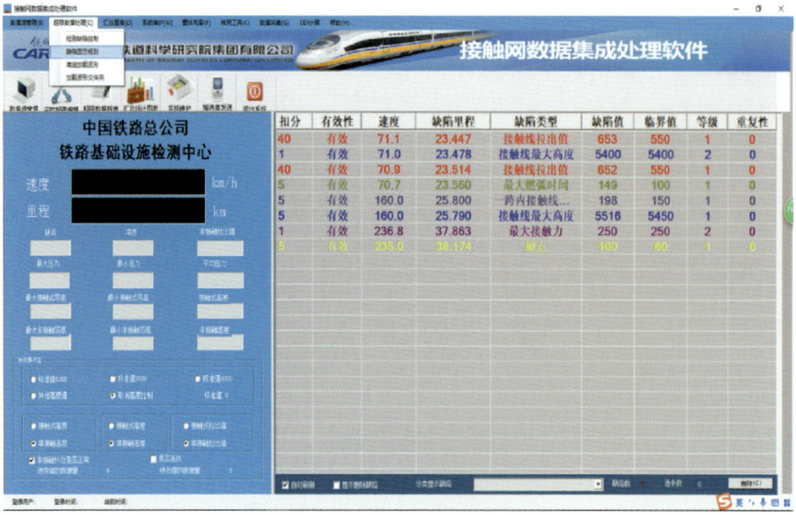

图 3-45　缺陷等级显示界面

图 3-46　缺陷等级显示选择界面

8. 数据库备份及删除

根据选中的日期备份当天的数据，如图3-47和图3-48所示。

图 3-47　备份数据库界面

图 3-48　备份数据库界面

点击“删除数据库记录”时，会发出“确认删除选中的数据库记录”提示，点选择“确定”时，便删除成功，如图3-49和图3-50所示。

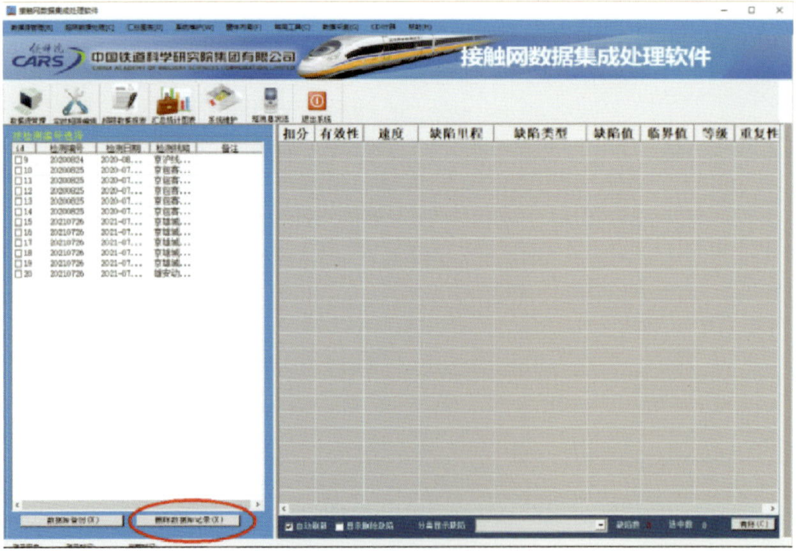

图 3-49　删除数据库记录界面

图 3-50 删除数据库记录界面

9. 缺陷数据报表

点击功能切换区的超限数据报表，进入超限数据报表操作界面，如图3-51所示。

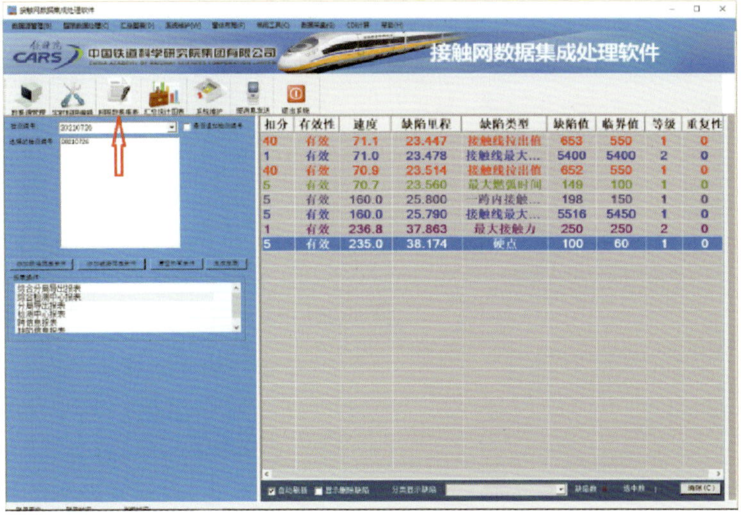

图 3-51 点击超限数据报表界面

点击添加线路或缺陷范围条件按钮，可以添加多个线路或缺陷范围条件，如图3-52所示。

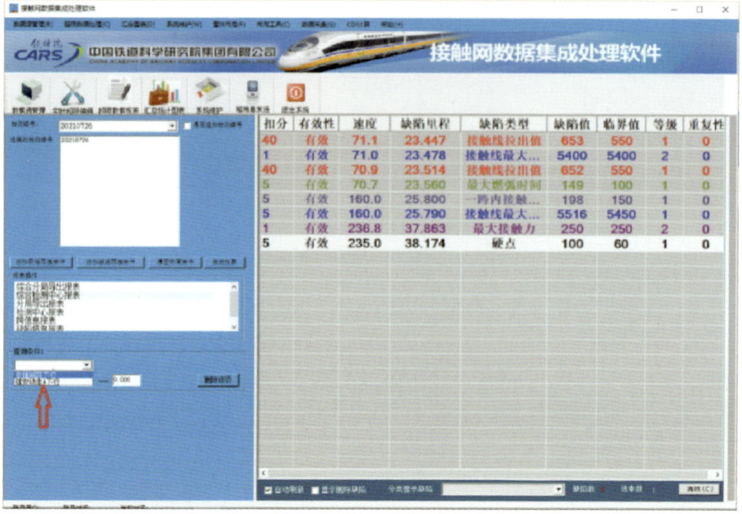

图 3-52　添加线路或缺陷范围条件界面

根据每日检测任务需求，生成相应的总综合质量报表和分局综合质量报表，文件名根据日期自动保存，生成相应的Excel文件报表，如图3-53所示。

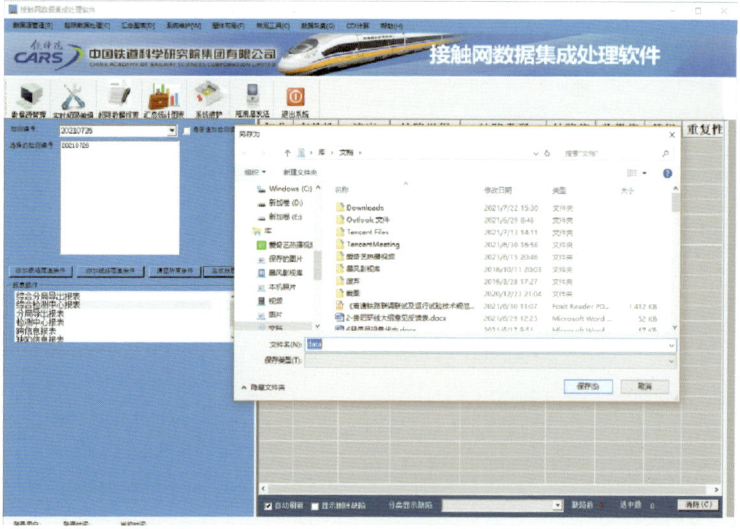

图 3-53　生成综合质量评价报表界面

10. 离线加载波形数据

点击操作菜单超限数据处理中的离线加载波形功能按钮，如图3-54和图3-55所示。

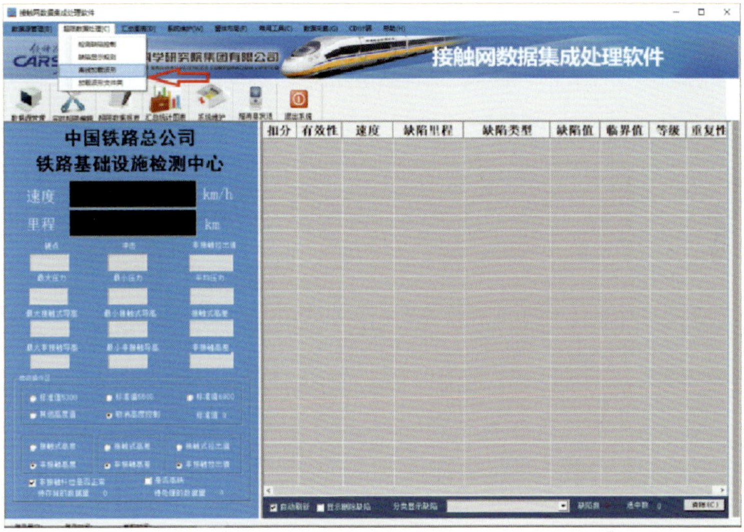

图 3-54　离线加载波形开始界面

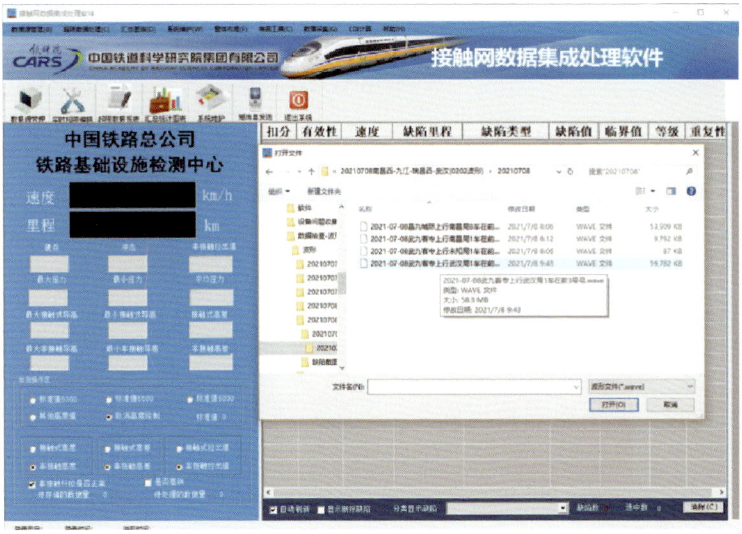

图 3-55　离线加载波形选择界面

3.2.2.5　参数设置

1. 数据库更新

每月根据检测线路基础的数据库更新，完成后处理软件线路信息的数据库更新。每次更新前必需对源文件进行备份，备份后的文件可以放在同级目录中，备份完毕后，覆盖当前数据库文件即可。数据库文件所在文件位置，如图3-56和图3-57所示。

图 3-56　数据库文件位置

图 3-57　数据库文件位置

JcData.gw：采集缺陷数据库。

LineInfo.gw：线路信息数据库。

2. cfg配置文件

查找配置文件位置，如图3-58所示。

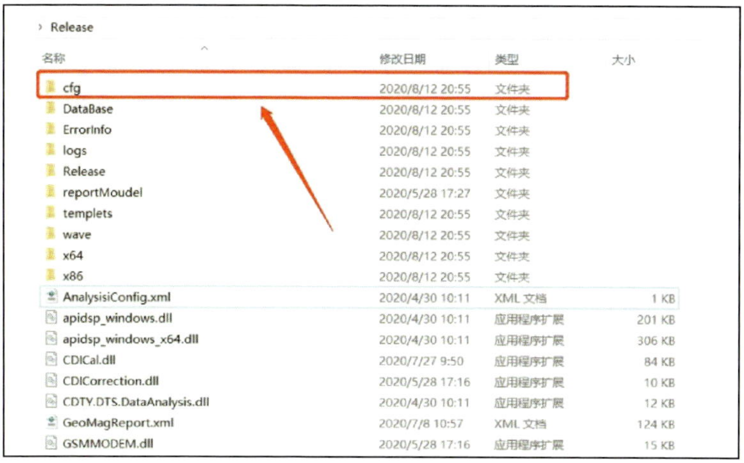

图 3-58　配置文件位置

文件夹内共3个配置文件需要手动配置，分别为commonApp.ini、load.ini和subsys.ini，配置文件所在位置如图3-59所示。

图 3-59　参数配置

subsys.ini配置文件是受接触网远程集中控制软件控制的子系统配置文件，如当前检测车需增加远控即可进行配置，不需要则略过。

commonApp.ini文件配置：用编辑器打开commonApp.ini后，按照系统需要填写对应的信息，设置动检版本和网检车版本以及必需的接受服务器发送的数据的IP地址。配置文件界面如图3-60所示。

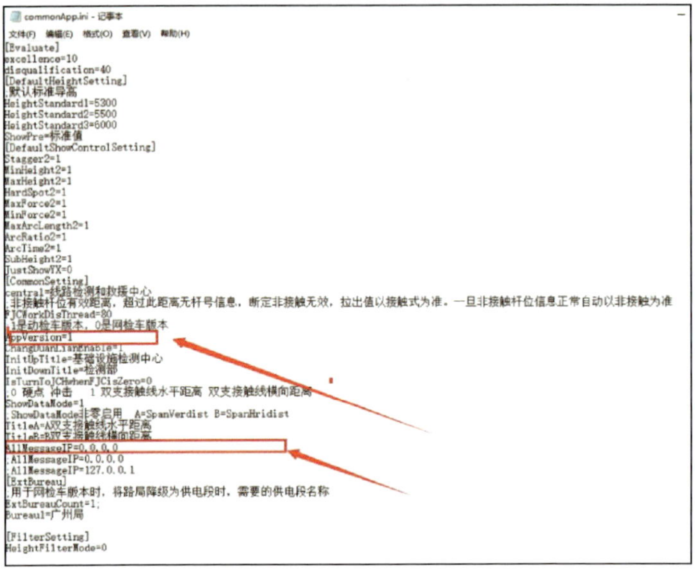

```
commonApp.ini - 记事本
文件(F) 编辑(E) 格式(O) 查看(V) 帮助(H)
[Evaluate]
excellence=10
disqualification=40
[DefaultHeightSetting]
;默认标准导高
HeightStandard1=5300
HeightStandard2=5500
HeightStandard3=6000
ShowPre=标准值
[DefaultShowControlSetting]
Stagger2=1
MinHeight2=1
MaxHeight2=1
HardSpot2=1
MaxForce2=1
MinForce2=1
MaxArcLength2=1
ArcRatio2=1
ArcTime2=1
SubHeight2=1
JustShowYX=0
[CommonSetting]
central=线路检测和救援中心
;非接触杆位有效距离，超过此距离无杆号信息，断定非接触无效，拉出值以接触式为准。一旦非接触杆位信息正常自动以非接触为准
FJCWorkDisThread=80
;1是动检车版本，0是网检车版本
AppVersion=1
ChangDuanLianEnable=1
InitUpTitle=基础设施检测中心
InitDownTitle=检测部
IsTurnToJCHwhenFJCisZero=0
;0 硬点 冲击   1 双支接触线水平距离 双支接触线横向距离
ShowDataMode=1
;ShowDataMode非零启用  A=SpanVerdist B=SpanHridist
TitleA=A双支接触线水平距离
TitleB=B双支接触线横向距离
AllMessageIP=0.0.0.0
;AllMessageIP=0.0.0.0
;AllMessageIP=127.0.0.1
[ExtBureau]
;用于网检车版本时，将路局降级为供电段时，需要的供电段名称
ExtBureauCount=1;
Bureau1=广州局

[FilterSetting]
HeightFilterMode=0
```

图 3-60　commonApp 配置文件界面

commonApp.ini配置文件参数说明，见表3-3。

表 3-3　commonApp.ini 配置文件参数

配置项	说　明
[Evaluate]	评估报表质量
excellence	合格
disqualification	不合格
[DefaultHeightSetting]	默认标准导高
HeightStandard1	设置标准值1，默认为5 300
HeightStandard2	设置标准值2，默认为5 500
HeightStandard3	设置标准值3，默认为6 000
ShowPre	显示标准导高名称
[DefaultShowControlSetting]	缺陷规则是否显示：1为显示，0为不显示
Stagger2	二级接触线拉出值
MinHeight2	二级接触线最小高度
MaxHeight2	二级接触线最大高度

续表

配置项	说明
HardSpot2	二级硬点
MaxForce2	二级最大接触力
MinForce2	二级最小接触力
MaxArcLength2	二级最大燃弧时间
ArcRatio2	二级燃弧率
ArcTime2	二级燃弧次数
SubHeight2	二级一跨内接触线高差
JustShowYX	仅显示有效数据
[CommonSetting]	通用设置属性
central	检测单位名称
FJCWorkDisThread	非接触杆位有效距离，超过此距离无杆号信息，断定非接触无效，拉出值以接触式为准。一旦非接触杆位信息正常自动以非接触为准
AppVersion	检测车版本号，1为动检车版本，0为网检车版本
ChangDuanLianEnable	是否启用长短链判断，1为启用，0为不启用
InitUpTitle	基础设施检测中心名称
InitDownTitle	检测部名称
IsTurnToJCHwhenFJCisZero	当接触有问题的时候，缺陷自动判断转向非接触数据，1为启用，0为不启用
ShowDataMode	0硬点冲击
TitleA	A双支接触线水平距离
TitleB	B双支接触线横向距离
AllMessageIP	当前程序的IP地址
[ExtBureau]	配置车辆属性
ExtBureauCount	铁路局的数量
Bureau1	铁路局的名称
[FilterSetting]	过滤设置属性
HeightFilterMode	0为不漏缺陷过滤，1为定位点位置放宽过滤条件

load.ini文件配置：用编辑器打开load.ini后，设置系统需要填写对应的参数信息，配置文件界面如图3-61所示。

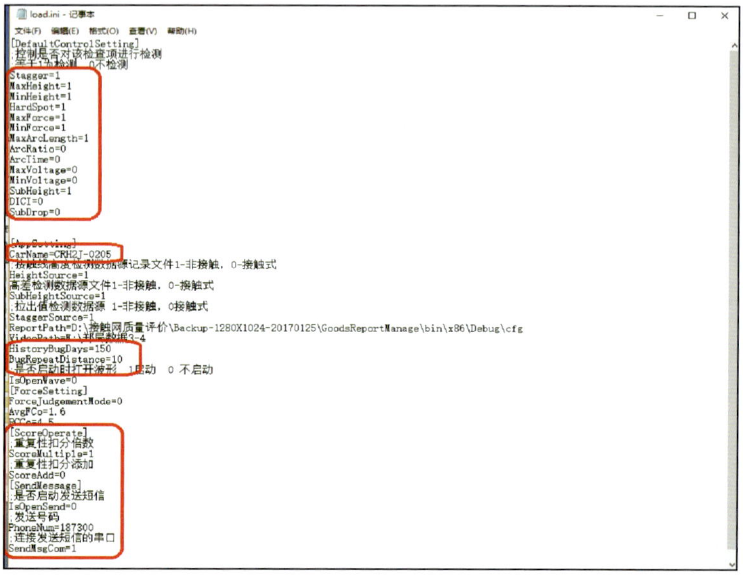

图 3-61　load 配置文件界面

load.ini配置文件参数说明，见表3-4。

表 3-4　load.ini 配置文件参数

配置项	说　明
[DefaultControlSetting]	控制是否对该检查项进行检测，1为检测，0不检测
Stagger	检测拉出值
MaxHeight	检测接触线最大高度
MinHeight	检测接触线最小高度
HardSpot	检测硬点
MaxForce	检测最大接触力
MinForce	检测最小接触力
MaxArcLength	检测最大燃弧时间
ArcRatio	检测燃弧率

续表

配置项	说　明
ArcTime	检测燃弧次数
MaxVoltage	检测接触网最大电压
MinVoltage	检测接触网最小电压
SubHeight	检测一跨内接触线高差
SubDrop	检测相邻吊悬高差
DICI	检测地磁
[AppSetting]	文件配置属性
CarName	检测车名称
HeightSource	接触线高度检测数据源记录文件，1-非接触，0-接触式
SubHeightSource	高差检测数据源文件，1-非接触，0-接触式
StaggerSource	拉出值检测数据源，1-非接触，0接触式
HistoryBugDays	读取历史缺陷数据的天数
BugRepeatDistance	判断重复缺陷的距离（单位：m）
IsOpenWave	是否启动时打开波形，1为启动，0为不启动
[ForceSetting]	接触力设置
ForceJudgementMode	是否启动接触力另外判断的处理，1为启动，0为不启动
AvgFCo	平均接触力
PCCo	接触力概率值
[ScoreOperate]	重复性扣分设置的属性
ScoreMultiple	重复性扣分倍数
ScoreAdd	重复性扣分添加
[SendMessage]	发送短信功能配置（注意：需要用短信猫设备才可以使用此功能）
IsOpenSend	是否启动发送短信
PhoneNum	发送号码，可设置多个号码，用逗号“,”隔开
SendMsgCom	连接发送短信的串口

subsys.ini文件配置：用编辑器打开subsys.ini后，按照系统需要填写对

应的信息，设置对应的IP已经对应的端口，配置文件如图3-62所示。

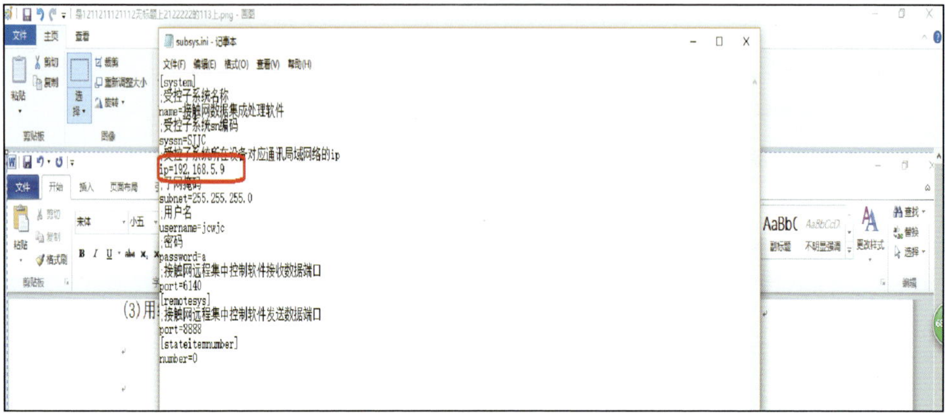

图 3-62　subsys.ini 配置文件

subsys.ini配置文件参数说明，见表3-5。

表 3-5　subsys.ini 配置文件参数

配置项	说　明
[system]	系统属性
Name	受控子系统名称
syssn	受控子系统sn编码
ip	受控子系统所在设备对应通讯局域网络的ip
subnet	子网掩码
username	用户名
password	密码
port	接触网远程集中控制软件接收数据端口
[remotesys]	接触网远程集中控制软件属性
port	接触网远程集中控制软件发送数据端口
[stateitemnumber]	项目状态编号
number	编号值

3.2.2.6　波形分析软件

接触网波形分析软件为满足接触网动态检测各检测参数的波形形式显

示、分析、对比、回放、导出、打印等功能所使用的软件。波形分析系统软件界面，如图3-63所示。

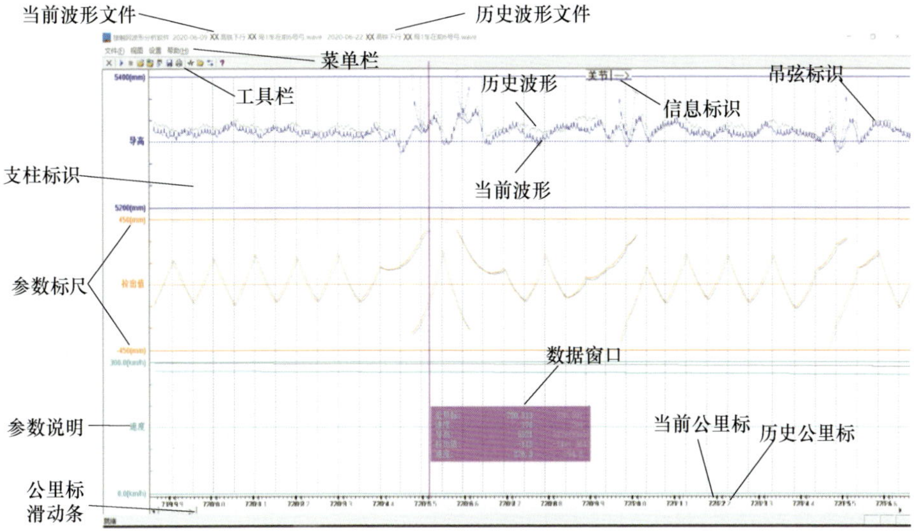

图 3-63　波形软件操作界面

波形分析软件主要包括以下几部分。

①当前波形文件：显示当前打开的波形文件名称，其中包括检测日期、线路名称、线别、行别、局别、列车运行方向、检测受电弓等信息。

②历史波形文件：显示打开的历史波形文件名称，历史波形文件与当前打开的波形文件进行对比，以比较接触网各检测参数的变化。其中，包括检测日期、线路名称、线别、行别、局别、列车运行方向、检测受电弓等信息。菜单栏提供接触网检测数据波形分析系统操作功能的菜单，共分为文件、视图、设置、帮助四个主菜单。

③工具栏：提供接触网检测数据波形分析系统主要操作的快捷工具。包括系统退出、开始采集、停止采集、打开波形文件、打开历史波形文件、波形定位、波形图片保存、波形打印、波形显示选择、波形保存目录设置、历史波形偏移设置、帮助。

④支柱标识：在接触网支柱处进行显示。

⑤参数标尺：表明特定通道检测参数的标尺最大值和最小值，最大值与最小值范围有5个标尺显示子刻度。

⑥当前波形：提供当前各检测通道检测值波形显示。

⑦历史波形：提供历史波形各检测通道检测值波形显示，为与当前波形进行区分，历史检测波形以灰色显示。

⑧吊弦标识：吊弦标识显示在导高波形上，以小竖线的形式显示。在检测接触网有吊弦的地方进行相应位置的吊弦显示。

⑨当前公里标：当前检测数据的里程信息，每100 m进行数字标记，每10 m用小刻度显示。

⑩历史公里标：历史检测数据的里程信息，为与当前公里标进行区分，历史公里标以灰色显示。

1. 软件操作

首先根据波形工控机显示情况，找到现执行的“接触网波形分析”软件，打开波形软件，如图3-64所示。

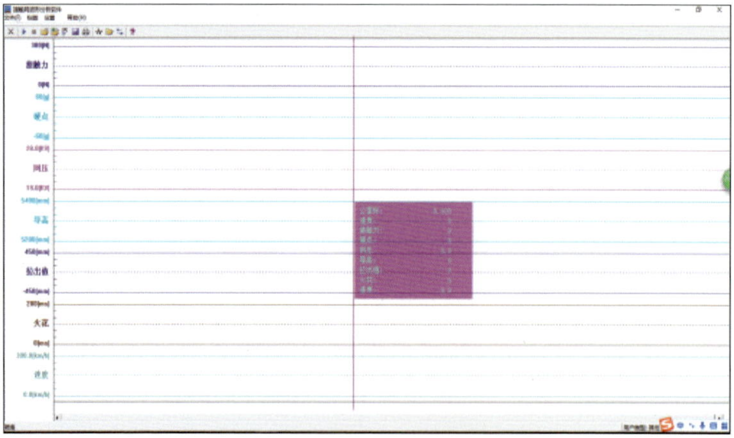

图 3-64　接触网波形分析软件界面

开始运行软件之前首先设置文件的保存路径，如图3-65所示。

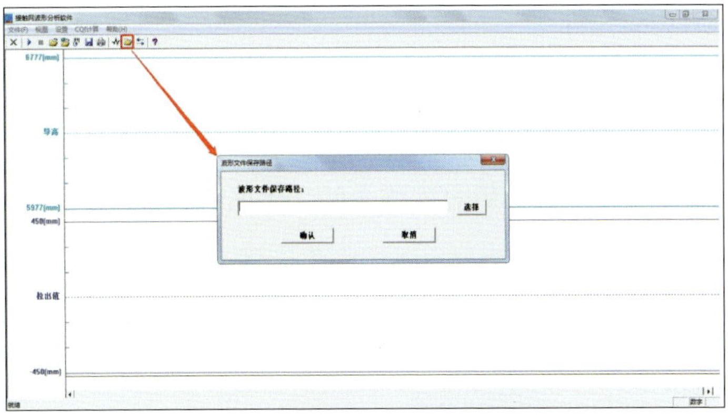

图 3-65 设置保存文件路径界面

点击开始运行按钮，成功运行软件。

（1）开始及停止接收

开始接收实时波形数据。点击此菜单，通过网络开始接收实时接触网检测波形数据，并根据列车运行速度，自动进行实时显示。此菜单对应快捷键为F5。点击此菜单后，“停止接收实时波形数据”菜单有效；“打开波形文件”菜单无效。停止接收实时波形数据：点击此菜单，停止通过网络接收实时接触网检测波形数据，停止波形自动更新及显示。此菜单对应的快捷键为F6。点击此菜单后，“开始接收实时波形数据”菜单及“打开波形文件”菜单有效。开始及停止接收界面如图3-66所示。

图 3-66 开始实时接受波形数据界面

（2）查看历史文件

打开第一历史波形文件。点击此菜单，弹出打开历史波形文件窗口，如图3-67所示。选择需要打开的历史波形文件名称（wave后缀），点击打开，即可在当前窗口打开选择的历史波形文件。此菜单对应的快捷键为Ctrl+H。

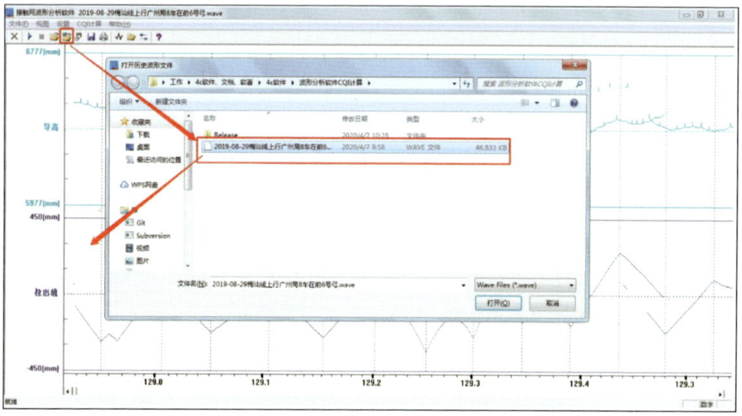

图 3-67　打开历史波形文件界面

（3）定位查找

右键点击定位，输入需要查找的公里标，点确定按钮后跳转到相应的位置，如图3-68和图3-69所示。

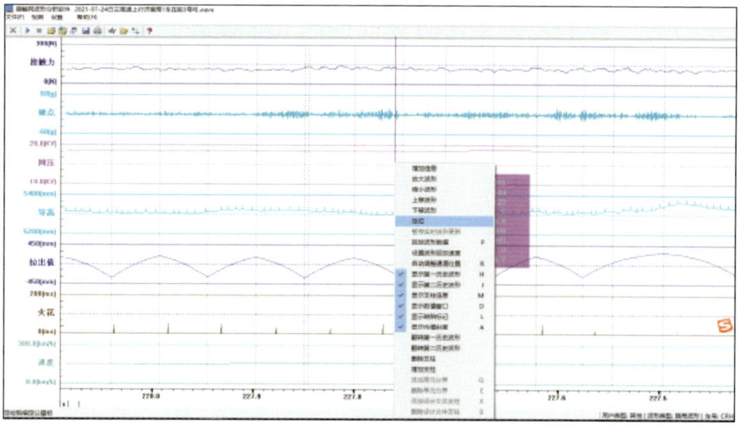

图 3-68　里程定位查找界面

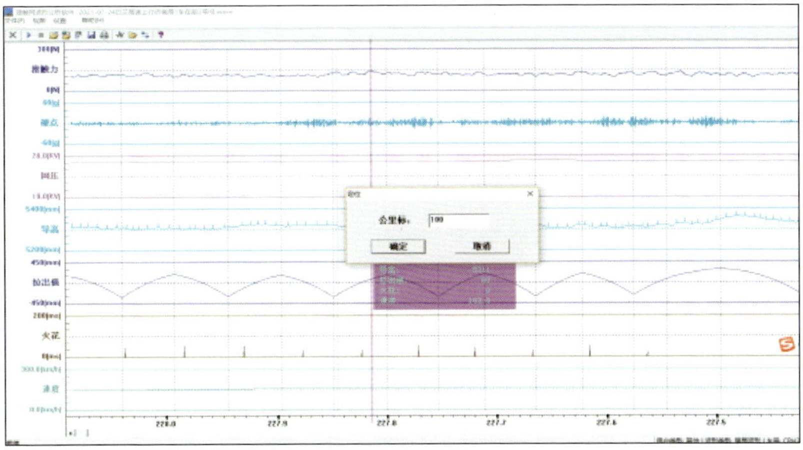

图 3-69　里程定位界面

（4）截取波形文件

点击文件菜单下的截取波形文件，可以根据输入公里标导出想要的部分波形数据，点击导出按钮以wave文件格保存至本地，如图3-70和图3-71所示。

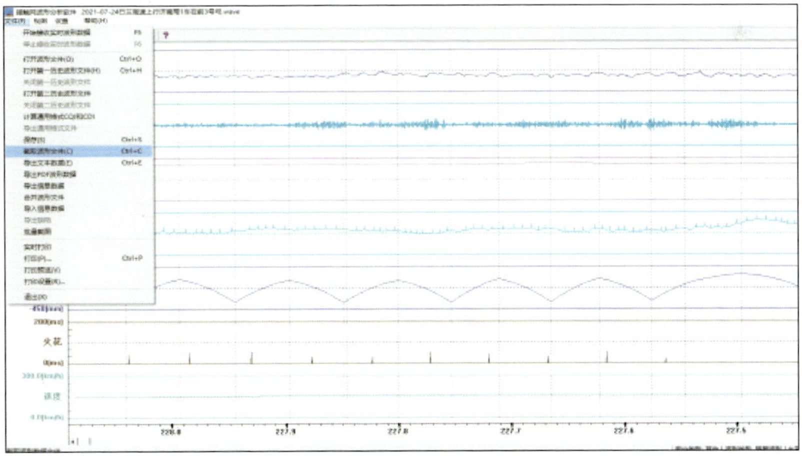

图 3-70　选择导出文本条件界面

（5）导出文本数据

点击此菜单，弹出导出文本数据窗口，如图3-72所示。用户可选择导出当前打开的整个波形文件，或者导出自定义的起止公里标位置的区段波形文件，同时根据自己所需检测项目内容数据，通过通道选择相应的检测项目，操作流程如图3-73和图3-74所示。点击“导出”按钮，系统弹出导出文件保存选择对话框。选定保存的文件目录后，系统自动生成保存的文件名称，用户也可自行定义保存文件名。

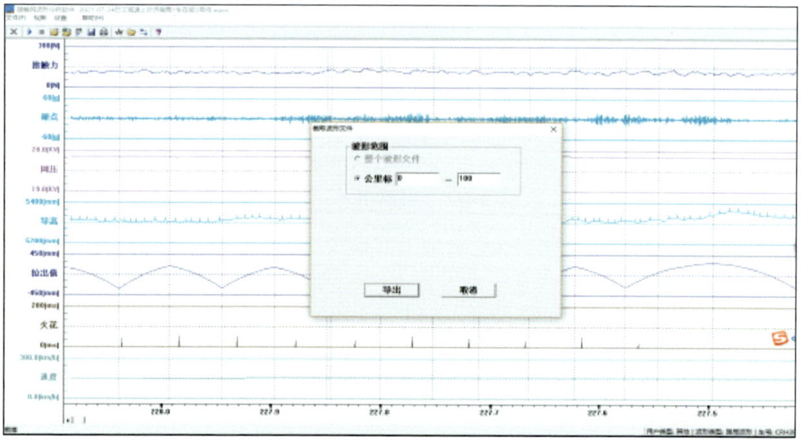

图 3-71　选择导出文本条件界面

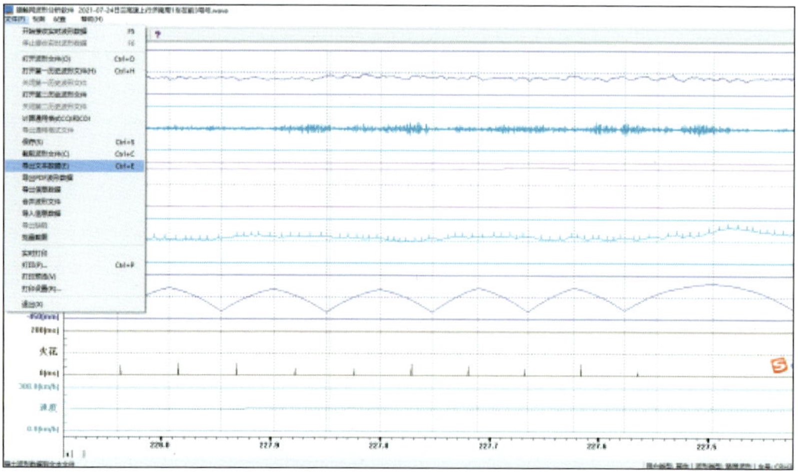

图 3-72　选择导出文本条件界面

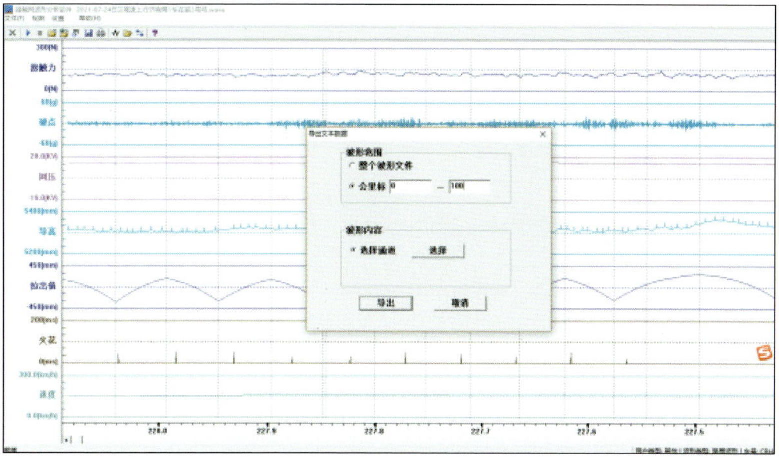

图 3-73 选择导出文本条件界面

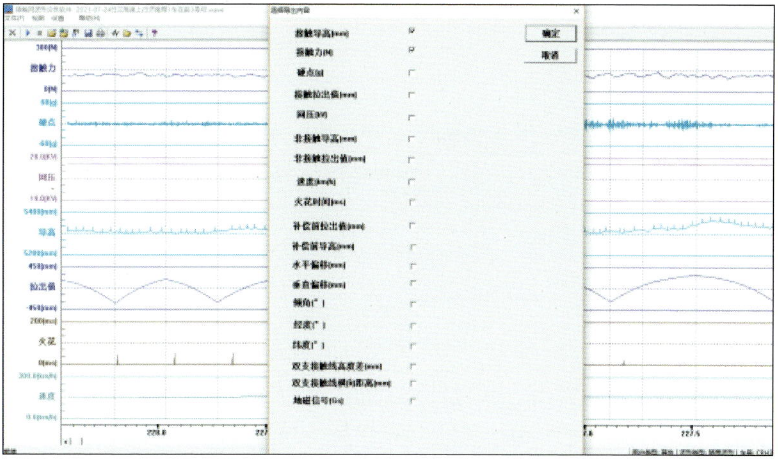

图 3-74 选择导出参数类型界面

（6）导出PDF格式波形

点击此菜单，弹出导出PDF波形数据窗口，如图3-75所示。用户可选择导出当前打开的整个波形文件，或者导出自定义的起止公里标位置的区段波形文件。点击“导出”按钮，系统弹出导出PDF波形文件保存选择对话框，如图3-76所示。选定保存的文件目录后，系统自动生成保存的文件名称，用户也可自行定义保存文件名。

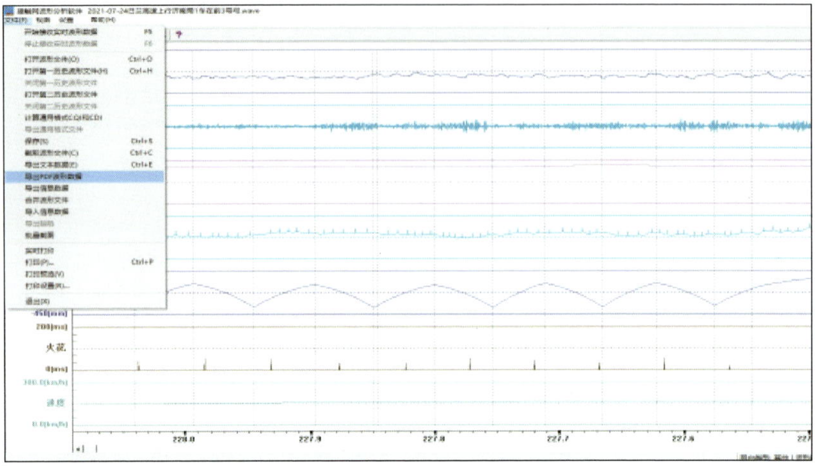

图 3-75　选择导出 PDF 文件条件界面

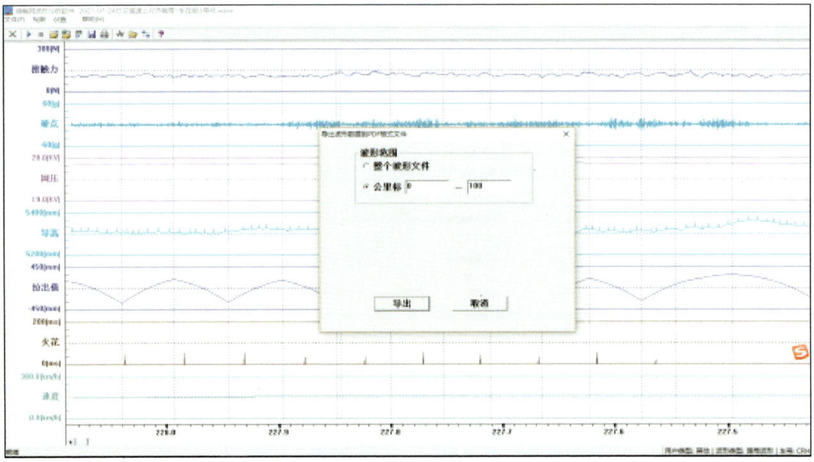

图 3-76　选择导出 PDF 文件条件界面

（7）批量截图

点击文件菜单下的批量截图，选择保存截图后的图片路径，导入需要截图的综合质量评价表Excel文件，根据需求选择高差位置、导高位置、公里标显示，点击开始按钮，开始自动截图，直到显示截图完毕，操作流程如图3-77～图3-79所示。

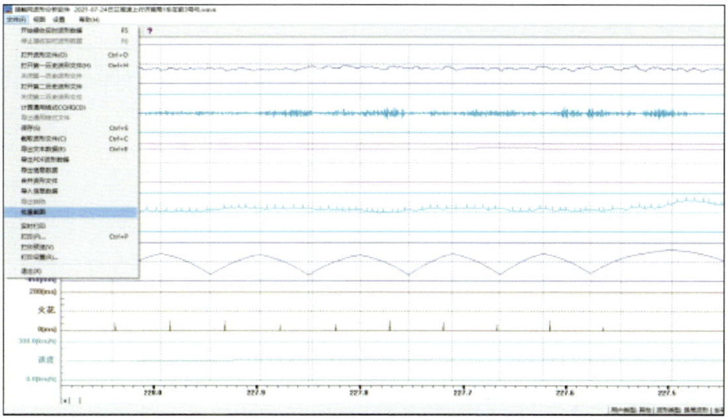

图 3-77　批量截图界面

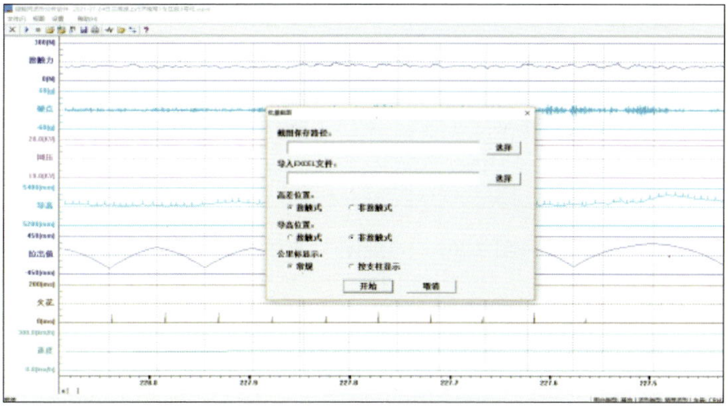

图 3-78　批量截图界面

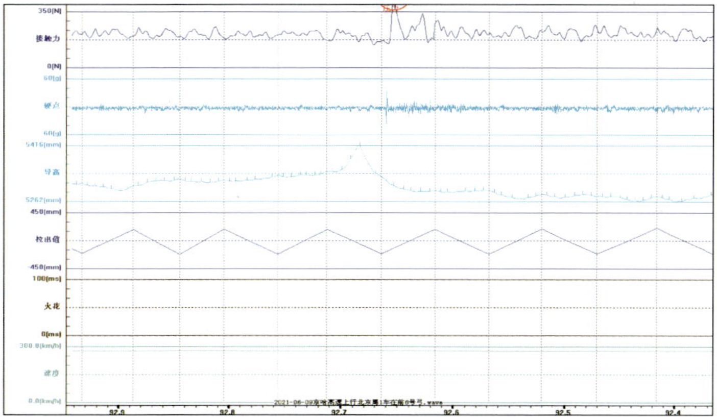

图 3-79　自动生成缺陷截图

（8）“视图”菜单

“视图”菜单主要进行波形文件显示及视图相关的操作，菜单界面如图3-80所示，分为以下几个功能。

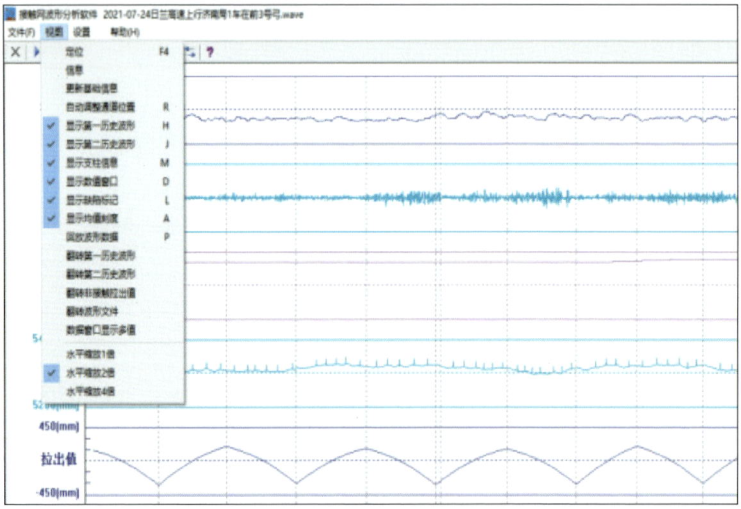

图 3-80　“视图”菜单内容

显示第一历史波形。选中此菜单，打开第一历史波形时，同时显示当前波形与历史波形；未选中此菜单，可隐藏打开的第一历史波形文件的显示，只显示当前打开的波形文件。显示第二历史波形。选中此菜单，打开第二历史波形时，同时显示当前波形与历史波形；未选中此菜单，可隐藏打开的第二历史波形文件的显示，只显示当前打开的波形文件。显示支柱信息。选中此菜单，在打开的波形文件中，显示支柱信息；未选中此菜单，可隐藏当前打开文件的支柱信息。显示数值窗口。选中此菜单，可显示检测波形及历史检测波形数值窗口，数值窗口显示的波形值信息为当前鼠标出所对应里程的检测波形值。检测波形值包括当前显示的各通道检测数据值及当前里程、速度信息。未选中此菜单，隐藏数值窗口的显示。数据窗口显示效果如图3-81所示。

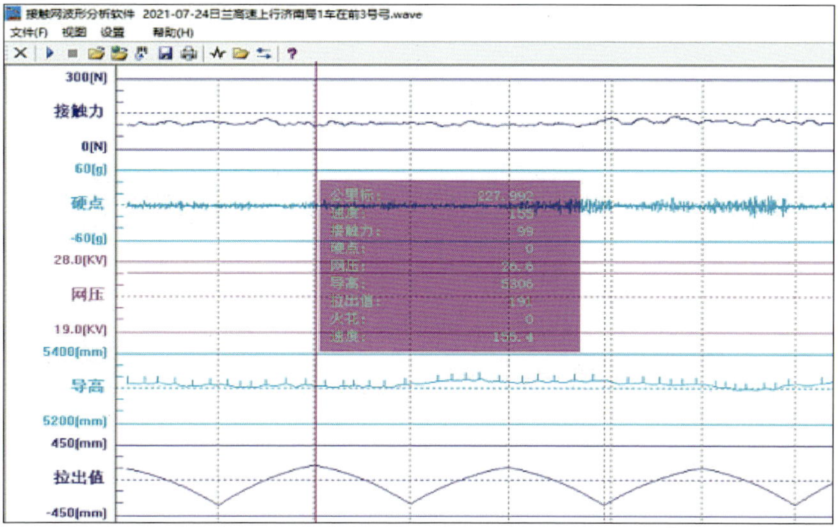

图 3-81 数值窗口显示效果

显示均值刻度。选中此菜单，系统会在每个通道中间显示一道以虚线表示的均值线。未选中此菜单，则不显示均值刻度线。图3-82给出了两种情况下的对比效果图。

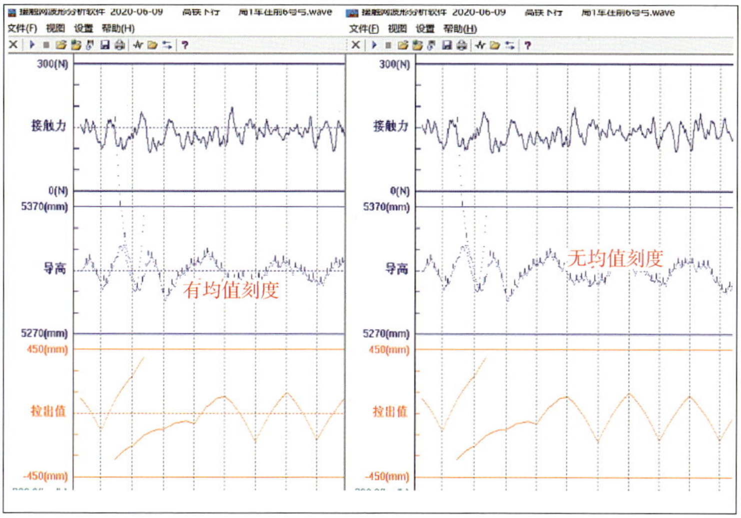

图 3-82 均值刻度显示效果

2. 参数设置

根据所在检测车检测项目实际情况，选择显示对应的检测项目。点击波形参数设置，弹出波形设置窗口，如图3-83所示。根据实际检测线路情况，设置所检项目一级缺陷标准范围值，如图3-84所示。此菜单快捷键为F7。

图 3-83 设备波形参数界面

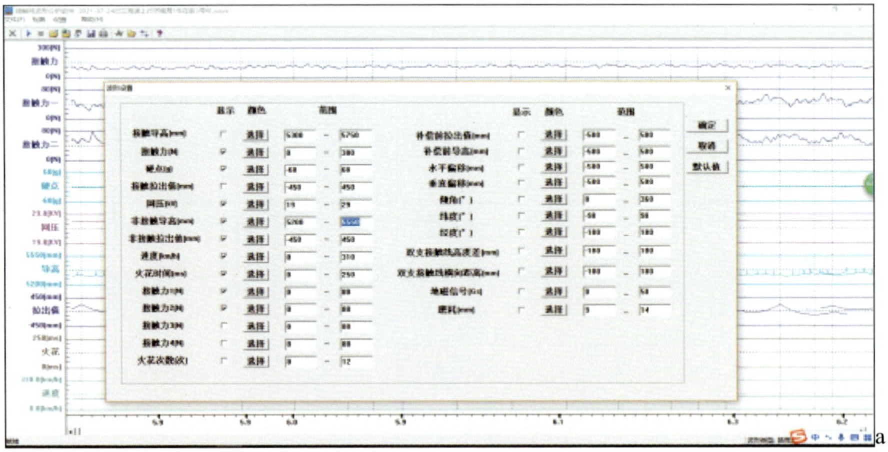

图 3-84 设备波形参数界面

为区别波形各检测项目，可以点击选择按钮为每个类型检测项目名称设置不同的颜色，最后点击确定按钮进行保存，如图3-85所示。

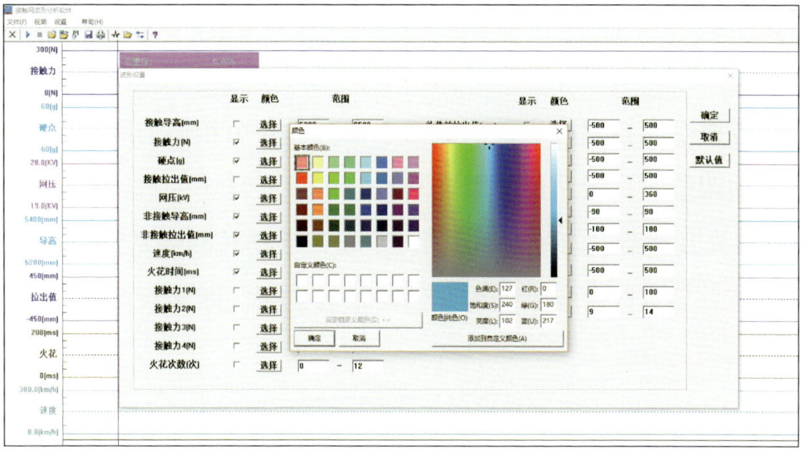

图 3-85　检测项目波形线条颜色选择界面

3.2.2.7　视频采集软件

利用摄像机对周边环境进行实时监控，对受电弓工作状态进行视频记录，能够接收线路信息、实时位置信息，检测数据等信息并进行实时显示，并且将接收的信息按照固定的格式存储成视频字幕文件，以便在监控视频回放时，显示对应的位置和检测数据等信息。弓网视频采集软件的首界面以及各个区域介绍如图3-86所示。

图 3-86　视频程序界面

（1）相机显示区。该区域显示所连接相机的名称，当存在多个相机时，依次与画面对应。

（2）相机曝光控制区。该区域用于控制对各个相机的曝光值操作，当勾选上自动调整时，无法操作曝光和增益按钮，程序会自动根据画面的灰度值调整曝光和增益；勾掉自动增益时，可以手动控制曝光值和增益。

（3）信息显示区。显示当前存储路径的空余空间和检测的线路和路局信息。

（4）程序控制区。控制程序的文件的保存和退出。

1. 软件操作

双击桌面快捷方式“弓网视频采集软件.exe”，开启如图3-87所示。定位同步及视频监控系统主界面。

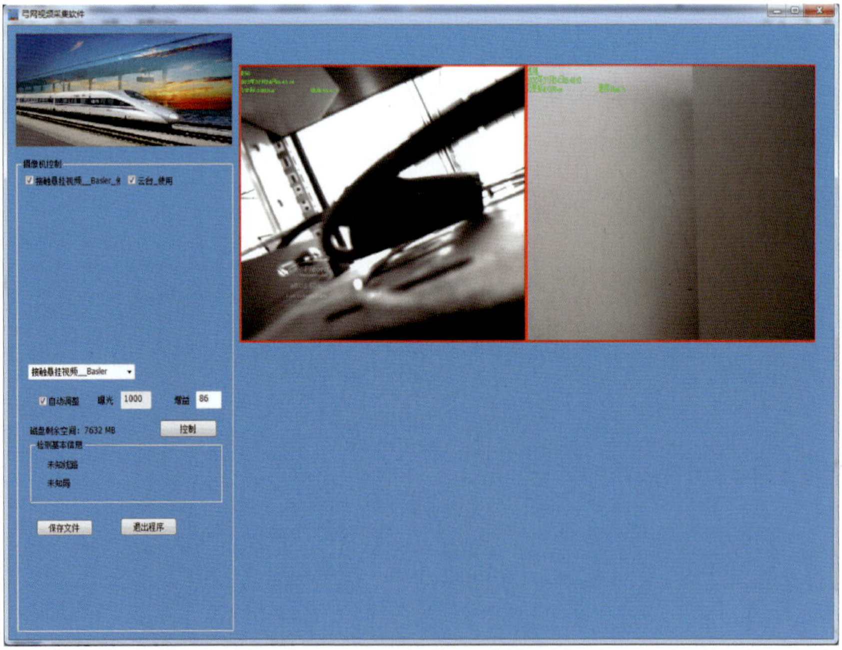

图 3-87　视频程序启动画面

点击保存文件按钮，如图3-88所示。

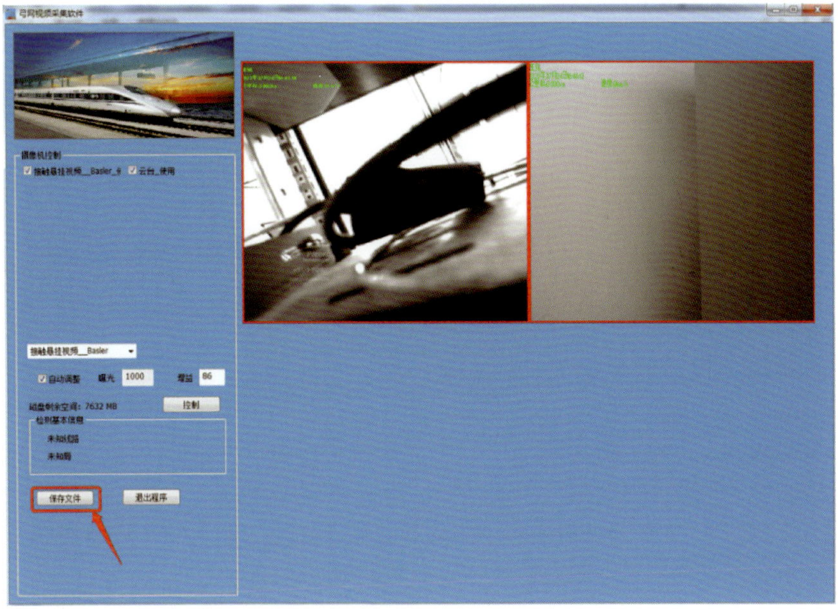

图 3-88　视频程序点击保存后画面

点击控制按钮会弹出对应的控制操作，通过该设置可以修改保存路径的位置和增加第二保存路径，如图3-89所示。

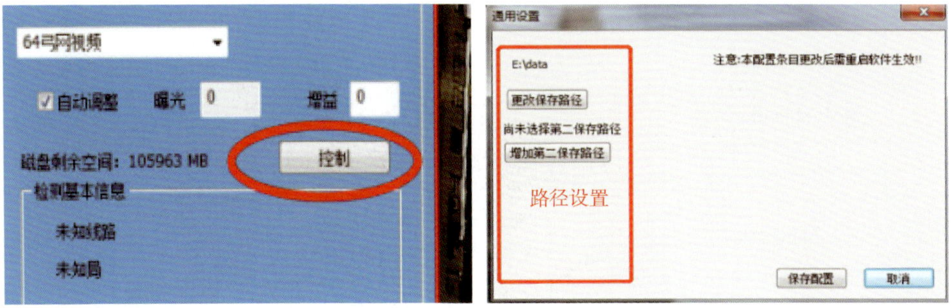

图 3-89　控制按钮及保存路径设置

2. 参数设置

将备案后最新的弓网视频采集软件文件夹复制到工控机上适当的位置（建议D盘根目录下）。配置文件是软件文件夹中的Parameters.ini文件，如图3-90所示。

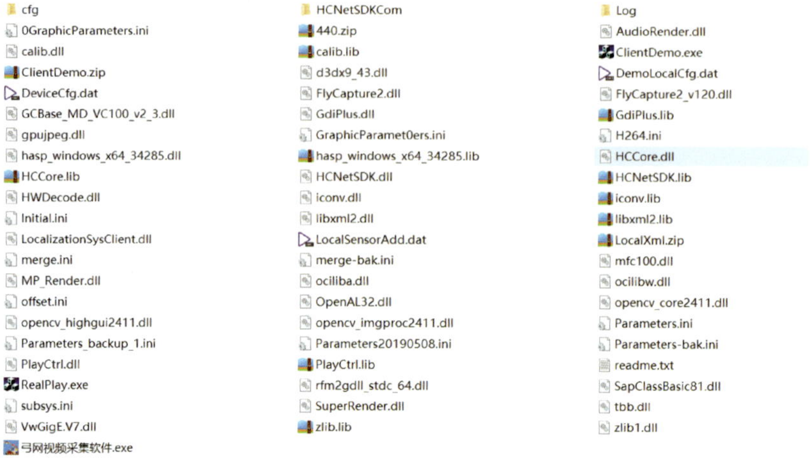

图 3-90　弓网视频采集软件目录内容

主要参数是指图像存储位置、里程校正方式等与相机相关的参数。弓网视频采集软件主要参数，见表3-6。

表 3-6　弓网视频采集软件主要参数

序号	配置项	配置项值	配置项说明
1	SavePath	E：\data	视频文件存储位置
2	KMCalibrationWay	5	里程校准方式。1为同步预处理里程数据，2为UDP接触式数据，3为综合串口422，4为反射内存卡，5为网检车网口 里程同步方式为同步预处理时，显示数据也是接收同步预处理数据；其他里程定位时数据接收来自接触式数据
3	ShowData	1	1为显示检测数据 0为不显示检测数据
4	IsPrintSubtitleOnImage	0	1为把字幕打印到图像上 0为不打印
5	FileSize	1 000	文件存储最大值，单位：MB
6	AutoStopVideo	0	1为速度为0时不保存视频， 0为点击保存按钮后一直录制视频
7	PORT	6001	接触式检测数据端口
8	NormalColor	2-255-2	字幕颜色，R-G-B对应

续表

序号	配置项	配置项值	配置项说明
9	ErrorColor	255-0-0	异常信息显示颜色，R-G-B对应
10	FontSize	25	显示字幕字体大小（相对千分数），即字幕大小为25×图像大小/1 000
11	HeightX	5	导高位置*X*（相对百分比），最左边是0，最右边是100
12	HeightY	98	导高位置*Y*（相对百分比），上顶是0，下底是100
13	HeightHighEdge	6 600	高度正常范围上界
14	HeightLowEdge=	5 300	高度正常范围下界
15	HeightIsWork	1	高度异常检查是否开启

弓网视频采集软件能够正常与相机通信需要正确地进行相机配置。在parameters.ini文件中，相机配置项为[Camera1][Camera2][Camera3]…[CameraX]…[Camera100]。配置项值示例值为合理值的一种，并非必需设置为此值，具体值根据实际情况设置，相机[CameraX]参数，见表3-7。

表 3-7 相机 [CameraX] 参数

序号	配置项	配置项值	配置项说明
1	Validation	1	本组相机配置项是否有效，0无效配置项，1有效配置
2	CameraClass	1	相机型号：（1）basler；（2）GigE；（3）Flir；（4）pointgray；（5）Dalsa；（6）HKWS（海康威视）；（7）V_MergeHotPart；（8）V_ColorEdge（V1.1.1版本的工业统一设置为2，海康威视相机还是设置为6）
3	CameraID、CameraDescription	弓网视频	这两个配置参数一般配置一样，分别为软件上显示的相机名称和保存视频文件中字段名称
4	CameraSN	S1056889	相机序列号，Dalsa、Basler相机有效（V1.1.1版本仅该项有效）
5	CameraIP	169.254.59.178	相机IP，GigE、FLIR、海康威视相机有效（V1.1.1版本该项无效）
6	CameraDistinction	SN	识别相机标识：Dalsa、Basler相机为SN GigE、FLIR、海康威视相机为IP

续表

序号	配置项	配置项值	配置项说明
7	MileageRectify	0	里程偏移：摄像机拍摄物体距离综合里程校正偏移量，单位：m，有正负，1车到8车位为正方向，校正源为原点，相机的位置
8	AutoTargetValue	120	当曝光或增益自动时，灰度目标值
9	ImageWidthAcquisition	1 024	摄像机抓取的图像分辨率
10	ImageWidthDisplay	1 024	摄像机显示用分辨率
11	GPSUse	0	0不显示GPS，1技术部综合里程串口GPS源，2杆号分析网口GPS源
12	FPS	100	帧率
13	SecPolDataUse	0	是否显示区间、杆号，0为不显示，1为显示
14	DataType	1	相机数据类型：（1）黑白相机（黑白的Dalsa、Basler相机）；（2）海康威视相机；（3）RGB彩色相机（红外相机、彩色的Dalsa、Basler相机）
15	UserName	admin	海康威视云台登录用户名
16	Pwd	admin888	海康威视云台登录密码
17	Port	8000	海康威视云台登录端口

上述参数中，通常Validation、CameraClass、CameraID、CameraDescription、ImageWidthAcquisition、ImageHeightAcquisition、ImageWidthDisplay、ImageHeightDisplay、GPSUse、FPS、SecPolDataUse、DataType都需要根据实际情况配置，海康威视云台需要额外配置UserName、Pwd、Port参数，其他参数无特殊要求无须配置。新生产的视频工控机，建议先将所有的[CameraX]组中的Validation设置为0，然后查找相机型号对应的编号Y，查看CameraClass=Y的配置项组，将组内的Validation设置为1，然后进行其他参数设置。

3.3 报表解析

3.3.1 综合质量评价报表

每日检测完会产生关于接触网检测结果的综合质量评价报表。报表中跟缺陷相关的标签页分别是统计汇总表、一级缺陷汇总、缺陷报表、每公里扣分数统计。统计汇总表是对当天检测结果的总结，其中包含各种缺陷类型一、二级缺陷的汇总，以及按照《高速铁路接触网运行维修规则》对接触网设备进行质量评价的结果，如图3-91所示；一级缺陷汇总表列出了本次检测全部的一级缺陷详细信息，包含缺陷发生位置、缺陷值和扣分标准等全部信息，如图3-92所示。缺陷报表列出本次检测全部的缺陷，包括一级缺陷和二级缺陷，同时包含缺陷发生位置、缺陷类型和缺陷值等具体信息，如图3-93所示。每公里扣分统计详细列出，依据《高速铁路接触网运行维修规则》和《普速铁路接触网运行维修规则》进行区段质量评价时产生的每公里扣分项汇总，如图3-93所示。

接触网质量评价汇总表

A	B	C	D	E	F	G	H	I	J	K	L	M	N	O	P	Q	R	S	T	U	V	W	X	Y	Z	AA	AB
局名	线名	检查日期	检测里程	公里数				状态评价				一级缺陷							二级缺陷						汇总		
												接触网几何参数		接触线平顺性参数		弓网受流参数		网压	接触网几何参数		接触线平顺性参数		弓网受流参数				
				CDI得分里程	优良里程	合格里程	不合格里程	CDI评分	优良率	合格率	不合格率	接触线拉出值	接触线高度	一跨内接触线高差	硬点	弓网接触力	燃弧	接触网电压	接触线拉出值	接触线高度	一跨内接触线高差	硬点	弓网接触力	燃弧	一级缺陷个数	二级缺陷个数	平均百公里扣分
			km	km	km	km	km	\	%	%	%	个	个	个	个	个	个	个	个	个	个	个	个	个	个	个	分/100km
XX局	XX客专XY段上行	2020-10-29	174.424	9.9000	173.424	174.424	0.000	72.66	99.43	100.00	0.00	0	0	0	0	0	0	0	0	34	1	0	14	0	0	49	28.1
XX局	XX客专上行	2020-10-29	240.518	233.2450	240.518	240.518	0.000	100.00	100.00	100.00	0.00	0	0	0	0	0	0	0	0	0	0	0	0	0	0	0	0.0
XX局	XX客专下行	2020-10-29	240.518	225.8650	240.518	240.518	0.000	100.00	100.00	100.00	0.00	0	0	0	0	0	0	0	0	0	0	0	1	0	0	1	0.4
XX局	XX客专XY段下行	2020-10-29	174.424	29.2400	142.424	174.424	0.000	20.51	81.65	100.00	0.00	0	7	7	0	3	0	0	0	327	208	0	157	0	17	692	445.5
汇总			829.884	498.2500	796.884	829.884	0.000	80.98	96.02	100.00	0.00	0	7	7	0	3	0	0	0	361	209	0	172	0	17	742	99.7

检测单位：中国国家铁路集团有限公司铁路基础设施检测中心
检测日期：20201029

统计汇总表 | 一级缺陷汇总 | 缺陷报表 | 每公里扣分数统计 | 单元CDI数据

图 3-91 综合质量评价统计汇总

接触网一级缺陷汇总表									
序号	局名	线名	行别	里程	速度（km/h）	缺陷类型	缺陷值	扣分标准	备注
1	XX局	XX客专XY段	下行	514.756	195.6	接触线最大高度	6604	5	
2	XX局	XX客专XY段	下行	514.785	195.6	一跨内接触线高差	167	5	
3	XX局	XX客专XY段	下行	515.959	197.9	接触线最大高度	6604	5	
4	XX局	XX客专XY段	下行	520.757	196.3	接触线最大高度	6623	5	
5	XX局	XX客专XY段	下行	520.781	196.3	一跨内接触线高差	166	5	
6	XX局	XX客专XY段	下行	521.759	196.3	接触线最大高度	6605	5	
7	XX局	XX客专XY段	下行	521.769	196.3	一跨内接触线高差	154	5	
8	XX局	XX客专XY段	下行	528.951	193.3	一跨内接触线高差	160	5	
9	XX局	XX客专XY段	下行	531.836	197.8	一跨内接触线高差	159	5	
10	XX局	XX客专XY段	下行	532.518	198.3	最小接触力	15	5	
11	XX局	XX客专XY段	下行	533.026	198.7	接触线最大高度	6609	5	
12	XX局	XX客专XY段	下行	533.041	198.7	一跨内接触线高差	176	5	
13	XX局	XX客专XY段	下行	534.815	198.5	接触线最大高度	6610	5	
14	XX局	XX客专XY段	下行	535.972	198.0	接触线最大高度	6622	5	
15	XX局	XX客专XY段	下行	537.093	198.4	一跨内接触线高差	156	5	
16	XX局	XX客专XY段	下行	599.097	194.6	最大接触力	307	5	
17	XX局	XX客专XY段	下行	600.336	195.5	最大接触力	309	5	

图 3-92　综合质量评价一级缺陷汇总

A	B	C	D	E	F	G	H	I	J	K
序号	铁路局	线别	行别	检测日期	里程	速度	缺陷类型	缺陷等级	缺陷值	扣分数
1	XX局	XX客专	下行	2020-10-	377.418	243.5	最小接触力	2	34	1
2	XX局	XX客专XY段	上行	2020-10-	507.622	152.6	最小接触力	2	35	1
3	XX局	XX客专XY段	上行	2020-10-	509.081	154.5	一跨内接触线高差	2	134	1
4	XX局	XX客专XY段	上行	2020-10-	511.760	151.9	最小接触力	2	39	1
5	XX局	XX客专XY段	上行	2020-10-	515.367	152.6	最小接触力	2	38	1
6	XX局	XX客专XY段	上行	2020-10-	516.580	153.1	最小接触力	2	35	1
7	XX局	XX客专XY段	上行	2020-10-	532.416	146.4	最小接触力	2	31	1
8	XX局	XX客专XY段	上行	2020-10-	539.102	148.4	最小接触力	2	39	1
9	XX局	XX客专XY段	上行	2020-10-	539.382	148.9	最小接触力	2	37	1
10	XX局	XX客专XY段	上行	2020-10-	541.181	147.1	最小接触力	2	37	1
11	XX局	XX客专XY段	上行	2020-10-	544.172	146.9	最小接触力	2	35	1
12	XX局	XX客专XY段	上行	2020-10-	552.028	155.0	最小接触力	2	34	1
13	XX局	XX客专XY段	上行	2020-10-	576.974	142.8	最小接触力	2	32	1
14	XX局	XX客专XY段	上行	2020-10-	618.970	158.2	最小接触力	2	34	1
15	XX局	XX客专XY段	上行	2020-10-	623.665	164.8	最小接触力	2	34	1
16	XX局	XX客专XY段	上行	2020-10-	626.995	167.3	最小接触力	2	29	1
17	XX局	XX客专XY段	上行	2020-10-	635.622	103.8	接触线最大高度	2	6511	1
18	XX局	XX客专XY段	上行	2020-10-	635.645	103.8	接触线最大高度	2	6518	1
19	XX局	XX客专XY段	上行	2020-10-	637.342	46.0	接触线最大高度	2	6510	1
20	XX局	XX客专XY段	上行	2020-10-	637.442	45.3	接触线最大高度	2	6514	1

统计汇总表 | 一级缺陷汇总 | 缺陷报表 | 每公里扣分数统计 | 单元CDI数据

图 3-93　综合质量评价缺陷报

A	B	C	D	E	F	G	H	I	J
序号	铁路局	线别	行别	检测日期	里程（整公里标）	速度	扣分数	是否合格	是否优良
139	XX局	XX客专XY段	上行	2020-10-29	618.000 - 617.000	157.8	0	是	是
140	XX局	XX客专XY段	上行	2020-10-29	619.000 - 618.000	158.2	1	是	是
141	XX局	XX客专XY段	上行	2020-10-29	620.000 - 619.000	158.0	0	是	是
142	XX局	XX客专XY段	上行	2020-10-29	621.000 - 620.000	159.4	0	是	是
143	XX局	XX客专XY段	上行	2020-10-29	622.000 - 621.000	159.3	0	是	是
144	XX局	XX客专XY段	上行	2020-10-29	623.000 - 622.000	162.5	0	是	是
145	XX局	XX客专XY段	上行	2020-10-29	624.000 - 623.000	166.3	1	是	是
146	XX局	XX客专XY段	上行	2020-10-29	625.000 - 624.000	166.8	0	是	是
147	XX局	XX客专XY段	上行	2020-10-29	626.000 - 625.000	166.9	0	是	是
148	XX局	XX客专XY段	上行	2020-10-29	627.000 - 626.000	167.3	1	是	是
149	XX局	XX客专XY段	上行	2020-10-29	628.000 - 627.000	166.8	0	是	是
150	XX局	XX客专XY段	上行	2020-10-29	629.000 - 628.000	169.0	0	是	是
151	XX局	XX客专XY段	上行	2020-10-29	630.000 - 629.000	169.2	0	是	是
152	XX局	XX客专XY段	上行	2020-10-29	631.000 - 630.000	166.8	0	是	是
153	XX局	XX客专XY段	上行	2020-10-29	632.000 - 631.000	166.2	0	是	是
154	XX局	XX客专XY段	上行	2020-10-29	633.000 - 632.000	168.1	0	是	是
155	XX局	XX客专XY段	上行	2020-10-29	634.000 - 633.000	165.2	0	是	是
156	XX局	XX客专XY段	上行	2020-10-29	635.000 - 634.000	132.8	0	是	是
157	XX局	XX客专XY段	上行	2020-10-29	636.000 - 635.000	86.7	2	是	是
158	XX局	XX客专XY段	上行	2020-10-29	637.000 - 636.000	41.5	0	是	是

统计汇总表 | 一级缺陷汇总 | 缺陷报表 | 每公里扣分数统计 | 单元CDI数据

图 3-94　综合质量评价每公里扣分数统计

3.3.2　缺陷分析

图3-95所示为缺陷分析路线。在拿到每日检测后下发的接触网综合质量评价报表后，首先应查看统计汇总结果，从整体上掌握缺陷的分布情况，尤其是一级缺陷的汇总情况；然后通过查看一级缺陷汇总表，掌握缺陷的具体细节，根据列表中给出的一级缺陷具体发生位置信息结合对应的检测波形，分析缺陷发生的原因，并针对缺陷制定对应的整改方案；在解决完一级缺陷的问题后，应继续关注二级缺陷的情况，通过数据的历史对比，分析二级缺陷的发生演变趋势，然后结合质量评价报表中的每公里扣分数统计，分析区段质量评价中失分的原因。

图 3-95　缺陷分析路线

3.3.3 CDI报表

每日执行完检测会产生.xls格式接触网综合质量评价报表。其中有两个Sheet表单内容与CDI结果相关，如图3-96和图3-97所示。其中，统计汇总表是路局管界内线路CDI的统计结果，图3-96中CDI得分里程给出的是低于CDI管理评分总里程，CDI评分中给出的是CDI得分里程在检测线路达速里程中的占比。

接触网质量评价汇总表

局名	线名	检查日期	检测里程	公里数				状态评价				一级缺陷							二级缺陷						汇总		
												接触网几何参数		接触线平顺性参数		弓网受流参数		网压	接触网几何参数		接触线平顺性参数		弓网受流参数				
				CDI得分里程	优良里程	合格里程	不合格里程	CDI评分	优良率	合格率	不合格率	接触线拉出值	接触线高度	一跨内接触线高差	硬点	弓网接触力	燃弧	接触网电压	接触线拉出值	接触线高度	一跨内接触线高差	硬点	弓网接触力	燃弧	一级缺陷个数	二级缺陷个数	平均百公里扣分
			km	km	km	km	km	\	%	%	%	个	个	个	个	个	个	个	个	个	个	个	个	个	个	个	分/100km
XX局	XX客专下行	2020-11-04	719.946	558.3400	719.946	719.946	0.000	100.00	100.00	100.00	0.00	0	0	0	0	0	0	0	2	36	0	0	0	0	0	38	5.3
汇总			719.946	558.3400	719.946	719.946	0.000	100.00	100.00	100.00	0.00	0	0	0	0	0	0	0	2	36	0	0	0	0	0	38	5.3

检测单位：中国国家铁路集团有限公司铁路基础设施检测中心
检测日期：20201104

统计汇总表 | 一级缺陷汇总 | 缺陷报表 | 每公里扣分数统计 | 单元CDI数据

图 3-96　接触网检测质量评价统计汇总

序号	检测车	受电弓方向	线路名	检测日期	行别	局别	供电段	起始里程(km)	终止里程(km)	单元长度(km)	锚段内平均速度(km/h)	燃弧率	CDI_S	CDI_H	CDI_F	CDI_A	CDI	当前锚段得分是否有效	CDI是否得分
1	CRH380AJ-2808	1车在前3号弓	XX客专	2020-07-02	下行	XX局	XX供电段	139.2090	140.3300	1.1200	197.9	0.0000	0.0086	1.1244	0.4053	0.0000	0.6	有效	是
2	CRH380AJ-2808	1车在前3号弓	XX客专	2020-07-02	下行	XX局	XX供电段	140.3300	141.4377	1.1050	220.6	0.0083	0.0107	0.9640	0.7372	1.0492	0.7	有效	是
3	CRH380AJ-2808	1车在前3号弓	XX客专	2020-07-02	下行	XX局	XX供电段	141.4377	142.5328	1.0950	237.4	0.0007	0.0119	0.5861	1.0621	0.0345	0.6	有效	是
4	CRH380AJ-2808	1车在前3号弓	XX客专	2020-07-02	下行	XX局	XX供电段	142.5328	143.6417	1.1100	241.4	0.0000	0.0000	0.2553	0.6885	0.0000	0.3	有效	是
5	CRH380AJ-2808	1车在前3号弓	XX客专	2020-07-02	下行	XX局	XX供电段	143.6417	144.7250	1.0800	240.7	0.0013	0.0050	0.3059	0.7513	0.0944	0.4	有效	是
6	CRH380AJ-2808	1车在前3号弓	XX客专	2020-07-02	下行	XX局	XX供电段	144.7250	145.8555	1.1300	240.5	0.0000	0.0000	0.3083	0.7940	0.0000	0.4	有效	是
7	CRH380AJ-2808	1车在前3号弓	XX客专	2020-07-02	下行	XX局	XX供电段	145.8555	146.7753	0.9200	240.4	0.0008	0.0168	0.4228	2.0319	0.0470	0.9	有效	是
8	CRH380AJ-2808	1车在前3号弓	XX客专	2020-07-02	下行	XX局	XX供电段	146.7753	147.8431	1.0650	240.4	0.0007	0.0173	0.4878	1.4084	0.0368	0.7	有效	是
9	CRH380AJ-2808	1车在前3号弓	XX客专	2020-07-02	下行	XX局	XX供电段	147.8431	148.8534	1.0100	240.4	0.0007	0.0477	0.1824	0.9258	0.0404	0.4	有效	是
10	CRH380AJ-2808	1车在前3号弓	XX客专	2020-07-02	下行	XX局	XX供电段	148.8534	149.9131	1.0600	240.9	0.0000	0.0564	0.2364	0.8120	0.0000	0.4	有效	是
11	CRH380AJ-2808	1车在前3号弓	XX客专	2020-07-02	下行	XX局	XX供电段	149.9131	150.9563	1.0400	242.2	0.0000	0.0260	0.3583	1.3185	0.0000	0.6	有效	是
12	CRH380AJ-2808	1车在前3号弓	XX客专	2020-07-02	下行	XX局	XX供电段	150.9563	152.0029	1.0450	241.9	0.0000	0.0056	1.1764	0.6356	0.0000	0.7	有效	是
13	CRH380AJ-2808	1车在前3号弓	XX客专	2020-07-02	下行	XX局	XX供电段	152.0029	153.1401	1.1400	238.6	0.0000	1.6519	0.8609	0.9532	0.0000	1.0	有效	是
14	CRH380AJ-2808	1车在前3号弓	XX客专	2020-07-02	下行	XX局	XX供电段	153.1401	154.1940	1.0500	232.6	0.0000	0.1170	0.2405	1.0823	0.0000	0.5	有效	是
15	CRH380AJ-2808	1车在前3号弓	XX客专	2020-07-02	下行	XX局	XX供电段	154.1940	155.2401	1.0450	239.1	0.0000	0.2[illegible]	0.4235	0.9901	0.0000	0.5	有效	是
16	CRH380AJ-2808	1车在前3号弓	XX客专	2020-07-02	下行	XX局	XX供电段	155.2401	156.2578	1.0150	240.1	0.0000	0.2356	0.2076	0.9301	0.0000	0.5	有效	是
17	CRH380AJ-2808	1车在前3号弓	XX客专	2020-07-02	下行	XX局	XX供电段	156.2578	156.6492	0.3900	239.9	0.0000	0.0958	0.4784	1.2599	0.0000	0.6	有效	是
18	CRH380AJ-2808	1车在前3号弓	XX客专	2020-07-02	下行	XX局	XX供电段	156.6492	157.4504	0.8000	240.1	0.0000	0.0156	0.6754	0.8999	0.0000	0.6	有效	是
19	CRH380AJ-2808	1车在前3号弓	XX客专	2020-07-02	下行	XX局	XX供电段	157.4504	158.3810	0.9300	240.1	0.0000	0.0034	0.3463	1.3383	0.0000	0.6	有效	是
20	CRH380AJ-2808	1车在前3号弓	XX客专	2020-07-02	下行	XX局	XX供电段	158.3810	159.3942	1.0100	240.2	0.0007	0.0104	0.2023	0.9452	0.0341	0.4	有效	是
21	CRH380AJ-2808	1车在前3号弓	XX客专	2020-07-02	下行	XX局	XX供电段	159.3942	160.4507	1.0550	240.0	0.0000	0.0000	0.1833	0.6328	0.0000	0.3	有效	是
22	CRH380AJ-2808	1车在前3号弓	XX客专	2020-07-02	下行	XX局	XX供电段	160.4507	161.5158	1.0550	239.0	0.0007	0.0045	0.0981	0.5474	0.0366	0.2	有效	是
23	CRH380AJ-2808	1车在前3号弓	XX客专	2020-07-02	下行	XX局	XX供电段	161.5158	162.5524	1.0350	239.3	0.0000	0.0117	0.2616	1.0529	0.0000	0.5	有效	是
24	CRH380AJ-2808	1车在前3号弓	XX客专	2020-07-02	下行	XX局	XX供电段	162.5524	163.5967	1.0450	239.7	0.0007	0.0103	0.0000	1.1238	0.0380	0.4	有效	是
25	CRH380AJ-2808	1车在前3号弓	XX客专	2020-07-02	下行	XX局	XX供电段	163.5967	164.5775	0.9800	239.6	0.0029	0.0125	0.4887	1.1262	0.2652	0.6	有效	是
26	CRH380AJ-2808	1车在前3号弓	XX客专	2020-07-02	下行	XX局	XX供电段	164.5775	165.5164	0.9350	239.6	0.0016	0.0150	0.2263	0.8314	0.1204	0.4	有效	是

统计汇总表 | 一级缺陷汇总 | 缺陷报表 | 每公里扣分数统计 | 单元CDI数据

图 3-97　接触网检测质量评价单元 CDI 数据

图3-97所示为接触网检测质量评价报表中每一个单元的得分情况，其中起始里程（km）和终止里程（km）代表当前评价单元的起始公里标，通过它可以在波形上查找该单元对应位置；单元长度是以检测系统采样间隔累加计算出的评价单元长度；燃弧率是检测系统中的导出量，由评价单元内的燃弧总时长和列车在该单元运行总时长计算得出。CDI_S、CDI_H、CDI_F和CDI_A分别代表CDI的拉出值分量、接触线高度分量、弓网接触力分量和燃弧分量，CDI是由前述4个分量加权求和得出的单元CDI结果；CDI是否得分代表评价单元CDI值是否超出管理值。“是”代表低于管理值，“否”代表高于管理值。CDI管理值如图3-98所示。

速度等级 / (km · h^{-1})	CDI 管理值
300～350 km/h	1.8
200～250 km/h	2.0
200 km/h以下	2.0

图 3-98 CDI 管理值

3.3.4 CQI报表

CQI为接触网静态质量指数。对接触网主要静态几何参数与标准值以及标准状态的偏差水平进行评价，建立评价函数模型，得出指数值CQI，反映接触网结构空间几何位置偏离理想设计布置的程度，无量纲。

根据检测计划进行60 km/h接触网静态几何参数测量后，将设计文件导入波形文件中，以接触网的固有结构：锚段、关节式分相、线岔为评价单元，进行对比分析，生成CQI报表。其中，有三个Sheet表单内容与CQI结果相关，如图3-99和图3-100所示。汇总表是路局管界内线路CQI的统计结果，单元数据是所统计单元详细单元CQI统计结果。

汇总表数据达标率为本线路CQI的得分汇总。达标率是基于一个锚段、或一个关节式电分相、或一个线岔为基本单元，对得分里程内各评价单元的接触网静态质量进行量化CQI汇总。CQI_S、CQI_H、CQI_D、$CQI_{H\sigma}$分别代表

	局别	起始里程(km)	终止里程(km)	单元长度(km)	平均速度	CQI_S	CQI_H	CQI_D	$CQI_{H\sigma}$	CQI	结构类型	CQI是否得分
2	[redacted]局	284.832	284.955	0.125	38.9	0.0	0.0	6.5	6.5	4.3	锚段	是
3	[redacted]局	284.955	286.090	1.160	56.3	6.3	0.0	7.4	4.1	4.9	锚段	是
4	[redacted]局	286.090	287.213	1.135	62.6	0.5	0.0	8.1	5.7	4.6	锚段	是
5	[redacted]局	287.213	288.336	1.140	60.6	14.6	0.0	6.9	5.6	6.6	锚段	是
6	[redacted]局	288.336	289.446	1.125	60.8	34.3	4.2	16.0	7.5	14.3	锚段	是
7	[redacted]局	289.446	290.521	1.085	61.3	37.4	0.0	12.4	4.6	12.0	锚段	是
8	[redacted]局	290.521	291.352	0.850	61.6	22.7	0.0	8.6	5.4	8.5	锚段	是
9	[redacted]局	291.352	291.900	0.545	59.3	110.1	0.0	8.5	4.8	23.1	锚段	否
10	[redacted]局	291.900	292.869	0.995	57.4	74.9	0.0	11.8	4.7	18.2	锚段	是
11	[redacted]局	292.869	294.009	1.155	60.1	68.6	5.3	12.1	5.5	18.4	锚段	是
12	[redacted]局	294.009	295.116	1.120	59.8	45.0	2.1	14.9	8.1	15.6	锚段	是
13	[redacted]局	295.116	296.239	1.140	61.0	50.1	10.4	22.9	10.9	21.4	锚段	否
14	[redacted]局	296.239	297.339	1.115	61.3	72.7	1.7	10.1	4.8	17.5	锚段	是
15	[redacted]局	297.339	298.441	1.115	60.1	74.1	6.4	9.0	6.7	18.9	锚段	是
16	[redacted]局	298.441	299.543	1.115	61.0	43.3	6.1	10.1	6.5	13.9	锚段	是
17	[redacted]局	299.543	300.635	1.110	61.1	7.9	2.5	10.6	7.5	7.7	锚段	是
18	[redacted]局	300.635	301.763	1.140	61.1	25.7	0.0	16.0	7.3	12.0	锚段	是
19	[redacted]局	301.763	302.884	1.155	60.9	25.2	0.0	8.6	6.4	9.2	锚段	是
20	[redacted]局	302.884	304.001	1.130	62.1	9.1	1.9	12.9	7.3	8.6	锚段	是
21	[redacted]局	304.001	305.111	1.125	63.1	43.8	0.0	8.0	5.0	11.7	锚段	是
22	[redacted]局	305.111	306.203	1.105	62.0	11.8	0.2	12.4	6.6	8.3	锚段	是
23	[redacted]局	306.203	307.289	1.105	61.8	48.9	2.6	9.9	6.1	14.0	锚段	是
24	[redacted]局	307.289	308.382	1.105	60.3	18.1	0.0	10.9	6.0	8.7	锚段	是
25	[redacted]局	308.382	309.481	1.115	61.1	2.0	0.0	6.6	5.0	4.2	锚段	是
26	[redacted]局	309.481	310.571	1.105	62.0	0.0	10.0	17.1	8.7	10.2	锚段	是
27	[redacted]局	310.571	311.651	1.095	62.1	5.2	0.0	8.9	6.3	5.9	锚段	是
28	[redacted]局	311.651	312.709	1.085	61.4	8.4	0.0	9.6	6.4	6.7	锚段	是
29	[redacted]局	312.709	313.515	0.805	60.2	6.0	0.0	11.5	6.2	6.9	锚段	是
30	[redacted]局	313.515	314.519	1.020	59.8	69.8	6.8	20.8	8.9	22.8	锚段	否
31	[redacted]局	314.519	315.459	0.955	61.0	8.9	9.3	22.7	9.9	13.8	锚段	是
32	[redacted]局	315.459	316.484	1.040	61.9	8.5	0.7	4.6	3.9	4.4	锚段	是

跨数据 单元数据 汇总表

图 3-99 接触网静态质量指数报表（单元 CQI 数据）

	线路	行别	局别	检测日期	线路里程	CQI得分里程	达标率
2	[redacted]客专	下行	[redacted]局	2020-08-1	261.330	252.300	96.54

跨数据 单元数据 汇总表

图 3-100 接触网静态质量指数报表（汇总数据）

CQI的拉出值分量、定位点处接触线高度分量、定位点处接触线高度的平顺程度分量和跨内接触线高度的平顺程度分量，CQI是由前述4个分量加权求和得出的单元CDI结果。CQI各分量及其权重如下：拉出值分量（CQI_S），权重为0.17；定位点处接触线高度分量（CQI_H），权重为0.17；定位点处接触线高度的平顺程度分量（CQI_D），权重为0.33；跨内接触线高度的平顺程度

分量（$CQI_{H\sigma}$），权重为0.33。

CQI及其各分量计算公式为

$$CQI=0.17CQI_S+0.17CQI_H+0.33CQI_D+0.33CQI_{H\sigma}$$

CQI是否得分代表评价单元CQI值是否超出管理值。“是”代表低于管理值，“否”代表高于管理值。CQI管理值如图3-101所示。

线路类型	CQI 管理值
高速铁路	20
普速铁路	40

图 3-101　CQI 管理值

3.3.5　CDI、CQI分析

图3-102所示为CDI、CQI分析路线。在拿到每日检测后下发的接触网质量评价报表后，首先应查看统计汇总结果，从整体上掌握线路接触网运行质量情况。如果线路CDI得分未达到100，则应通过查看单元CDI情况去确认未得分评价单元。通过查看CDI拉出值、接触线高度、弓网接触力和燃弧4个分量的大小，确认造成CDI值偏大的主要原因，然后再结合检测波形确认原因。

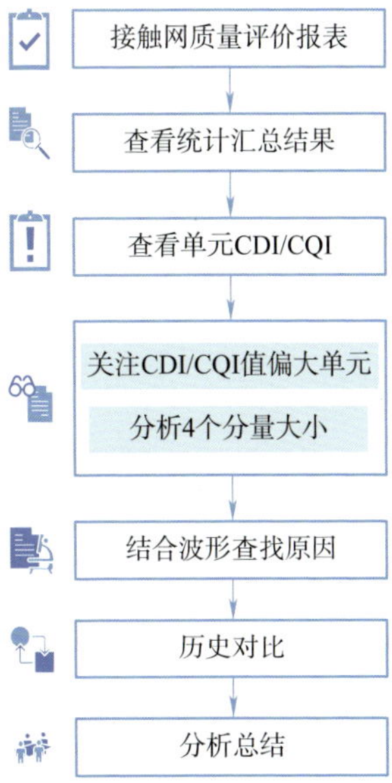

图 3-102　CDI 分析路线

在拿到CQI报表后，首先应查看汇总表，从总体上掌握CQI达标里程及达标率。如果线路CQI达标率未到100，则应通过查看单元数据去确认CQI未得分单元。通过查看CQI评价的拉出值、定位点处接触线高度、定位点处接触线高度的平顺程度、跨内接触线高度的平顺程度4个分量的大小，确认造成CQI值偏大的主要原因，然后结合检测波形确认具体原因。

如果CDI得分或CQI达标率达到100，也可去查找是否有接近管理值的区段存在。如果有类似情况，应采用同样的方式，通过构成CDI或CQI值的4个分量确认引起值偏大的原因。

3.4 运用维护

3.4.1 安全检查

3.4.1.1 检查概述

依据《危险源辨识及评价管理控制程序》通过危险评价法（LEC法）对各检测设备的运用风险进行评价，将安全检查项点等级分为A、B、C三级。

A级为安全关键检查项点，B级为安全重要检查项点，C级为安全一般检查项点。≥6分的项点定义为A级（安全风险最高），3～6分的项点定义为B级，≤3分的项点定义为C级（安全风险最低）。

检测设备安全检查分为车外设备安全检查和车内安全检查，车外设备安全检查项点由车顶设备安全检查项点和车下设备安全检查项点组成。车内安全检查为日常工作安全注意事项。其中，车外、车顶、车下定义范围如下。

车外：车辆外部，包括车顶、车左外侧、右外侧和车下。

车顶：车辆车外的车体顶部即车辆的最上表面。

车下：车辆车外的车体底部下表面以下的部分，包括转向架。

3.4.1.2 作业流程

（1）入库负责人（以下简称“负责人”）提前联系动车所检修调度，征得同意后负责人按动车所要求填写一体化作业单。

（2）负责人组织入库人员穿戴劳保用品、准备检查工具。须佩戴安全帽、穿反光背心、登顶时穿劳保绝缘鞋，安全带可参照所在动车所要求执行，如当地动车所不要求穿戴安全带登顶，登顶后必需放下三层平台翻板。

（3）负责人确认接触网断电、动车组降弓放电后，组织登顶人员在现场调度申领登顶卡，一人一卡，进出均须刷本人登顶卡，严禁刷其他人登顶卡。

（4）因动车所检修时间限制，原则上应优先进行A项点检查。具体检查作业可结合现场实际情况执行，如动车所盯控人员暂时无法盯控车顶检查时，可先检查车下设备，具备登顶条件后再检查车顶设备。

（5）车顶检查流程：由登顶处车端向车尾方向顺序检查，检查至车尾后由三层平台过道返回登顶处下平台。

（6）车下检查流程：可在车端进出车门处就近下地沟，检查完信号检测系统后在地沟内向另一端行进，检查至轨道几何状态、轮轨动力学、车辆动态响应、非接触检测系统处出地沟检查两端设备，检查完后继续下地沟行进，检查完另一端信号检测系统设备后出地沟，完成检查。

（7）检查完成后，负责人检查随身工具，组织收好劳保用品、还登顶卡、一体化作业单销记后完成整个安全检查工作。

3.4.1.3　安全检查注意事项

（1）应严格遵守作业场所相关规定。

（2）检查人员应按规定穿戴劳保用品，所有作业均需要穿好工作服，戴好安全帽，穿着橡胶鞋底的绝缘鞋，以防磕碰发生。

（3）检查人员登顶作业之前必需确认接触网断电，接地杆已挂，动车组放电完毕。动车组车顶行走时，要在防滑带区域行走，避免湿滑造成人身高空坠落等发生。

（4）在进行检查作业前，必需有专人进行防护，联防联控，严禁单独1人登顶检查。

（5）对所用工具严格检查，确认状态良好。作业中使用的纱布、铁丝、弹垫、报废零部件及包装等固体废弃物要分类收集，综合利用，避免污染。

（6）应注意尖锐边角可能造成绊倒、挤伤以及皮肤割伤等事故。

（7）检查内容及频次安全检查分为全面安全检查和日常安全检查，结合车辆一级、二级修进行。全面安全检查每月两次，为每旬任务前开展，其余均为日常安全检查。如运行中设备出现异常或需要清洁作业，结合安全检查进行处理。全面安全检查：全面安全检查内容为车内和车外设备，车外设备为A、B、C全部内容，检查方法为目视和抽检。抽检主要为校核螺栓扭矩，选取未采取机械防松措施的螺栓，重点抽检防松标记不清或无防松标记的各项点的螺栓，抽检扭矩值为标称扭矩值的80%。随机抽检不同设备的螺栓，总数量大于5个，A级项点要做到每季度能够抽检到一次。采用专用检查工具，对防松标记脏污位置处进行清洁后确认。车内设备安全检查结合检测过程开展。全面安全检查结果填写在《高速综合检测列车全面安全检查记录表》中。日常安全检查：对车外A、B全部项点检查，检查设备外观是否完好，有无磨耗、破损、松动、裂纹、断裂、异物击打、设备丢失及其他异常迹象；检查线缆及防护护管等无破损老化迹象，连接插头胶带是否完好，插头紧固无松脱等，对A项点及异常项点（车外各项点）进行拍照留存。检查结果填写在《高速综合检测列车日常安全检查记录表》中。

（8）检查确认检查作业完成后填写安全检查记录表，安全检查记录表放在车上存档备查。检测过程有目视外观检查、查看防松标记、拍照、抽检校核扭矩值等。全面安全检查由装备部负责并确认；日常安全检查由检测部负责并确认。

（9）检查发现螺栓松动、防松措施失效、外观受到异物撞击时需要及时处理。非承重部位表面划伤、磕碰伤深度小于或等于母材的厚度的10%时，不影响检测功能情况下暂不予处理，需跟踪记录状态；螺栓紧固处、受力吊座、焊缝、受力支架、根部受力处等受力较大部位发生磕碰伤、出现裂缝及较大变形时需立即组织更换或临时拆除。

3.4.1.4 安全检查项点及标准

1. 安全检查项点

选取CRH380AJ—2808高速综合检测列车接触网检测设备安全检查为例。接触网检测设备安装于4车和6车车顶和车底，具体安全检查项点统计见表3-8。

表 3-8 检测设备安全检查项点统计

单元	等级	位置	数量
车顶安全检查项点			
加速度传感器	A	4车车顶受电弓	1
电流互感器	B	4车车顶受电弓	1
激光导高传感器	B	4车车顶	1
压力传感器	B	4车车顶受电弓	4
燃弧探测传感器	B	4车车顶	1
高压数据采集箱	A	4车车顶受电弓	1
供电电源箱	A	4车车顶受电弓	1
限位开关	A	4车车顶受电弓	1
光电传感器	A	4车车顶受电弓	2
激光导高测量反射板	A	4车车顶受电弓	1
视频监视摄像机	B	4车车顶	1
视频监视探照灯	B	4车车顶	2
定位器坡度摄像机	B	4车车顶	1
定位器坡度座	B	4车车顶	1
非接触检测梁体	A	4车车顶	1
非接触检测摄像机	A	4车车顶	4

续表

单　元	等　级	位　置	数　量
非接触检测探照灯	A	4车车顶	3
加速度传感器	A	6车车顶受电弓	1
电流互感器	B	6车车顶受电弓	1
激光导高传感器	B	6车车顶	1
压力传感器	B	6车车顶受电弓	1
燃弧探测传感器	B	6车车顶	1
高压数据采集箱	A	6车车顶受电弓	1
供电电源箱	A	6车车顶受电弓	1
限位开关	A	6车车顶受电弓	1
光电传感器	A	6车车顶受电弓	1
激光导高测量反射板	A	6车车顶受电弓	1
视频监视摄像机	B	6车车顶	1
视频监视探照灯	B	6车车顶	1
定位器坡度摄像机	B	6车车顶	1
定位器坡度座	B	6车车顶	1
非接触检测梁	A	6车车顶	1
非接触检测摄像机	B	6车车顶	4
非接触检测探照灯	B	6车车顶	3
车底安全检查项点			
垂直位移补偿传感器	A	4车车底4轴7位	1
垂直位移补偿传感器	A	4车车底4轴8位	1
横向位移补偿传感器	A	4车车底4轴8位	1
垂直位移补偿传感器	A	6车车底4轴7位	1
垂直位移补偿传感器	A	6车车底4轴8位	1
横向位移补偿传感器	A	6车车底4轴8位	1

2. 工具清单

安全检查工具清单见表3-9。

表 3-9 安全检查工具清单

序号	名称	规格型号	数量	单位
1	摄像手电	7129	1	把
2	防松标记胶	83316	1	个
3	纱布	—	5	片
4	伸缩检查镜	—	1	个
5	纸巾、眼镜布等玻璃擦拭材料	—	1	套
6	定制工具包	—	1	个

3. 工前作业内容及标准

工前作业内容及标准见表3-10。

表 3-10 工前作业内容及标准

序号	作业项点	作业内容及技术标准	图　　示
1	技术交底	负责人进行作业前技术交底，明确任务分工、检查内容及安全注意事项	
2	工前准备	入段人员按规定穿戴劳保用品。原则上须佩戴安全帽、穿反光背心、穿劳保绝缘鞋、登顶作业须佩戴安全带	
		负责人作业前对检查工具进行清点和拍照	
		负责人办理《××动车所一体化作业申请单》（示意）	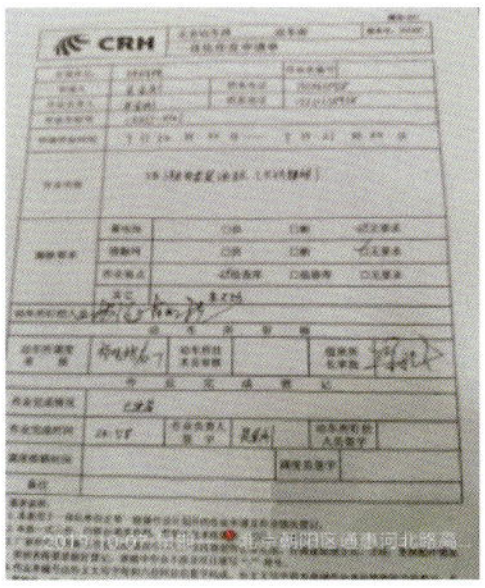

续表

序号	作业项点	作业内容及技术标准	图　示
2	工前准备	负责人确认动车所人员已将接地杆挂好，车辆已升弓放电，止轮器设置牢靠，作业车组号及股道正确	

4. 车顶安全检查项点及标准

车顶安全检查项点及标准见表3-11。

表 3-11　车顶安全检查项点及标准

编号	项点	位置	检查内容及标准	图　示	检测标准	检查方法
B-1	视频监视摄像机	车顶	（1）目视检查车顶视频监视摄像机外观是否完好、无磕碰； （2）目视检查底座安装外六角螺栓4-M12×30①防松标记是否移位； （3）目视检查支架与相机外六角螺栓4-M12×防松标记是否移位； （4）目视检查线缆连接插头胶带是否完好，插头紧固无松脱； （5）线缆固定措施（线卡、扎带）是否完好	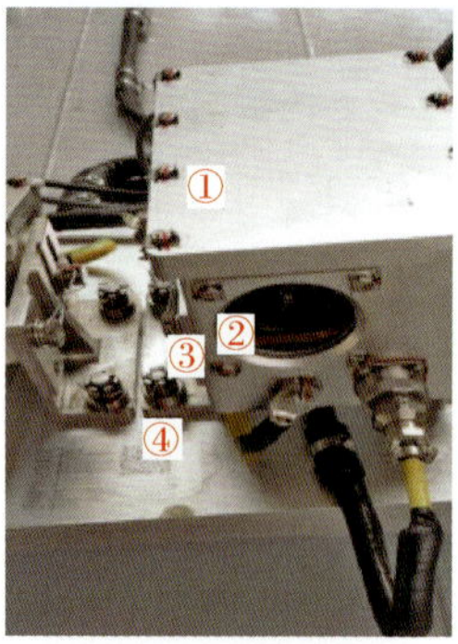	（1）设备是否完好、无磕碰； （2）防松标记是否移位； （3）胶带是否完好，插头紧固无松脱	目视
B-2	视频监视探照灯2台	车顶	（1）目视检查车顶视频监视探照灯外观是否完好、无磕碰； （2）目视检查玻璃压盖内六角圆柱头螺钉6-M4×10①防松标记是否移位； （3）目视检查侧面模块与支架外六角螺栓；4-M8×20②防松标记是否移位； （4）目视检查底座与支架外六角螺栓2-M10×40③防松标记是否移位； （5）目视检查线缆连接插头胶带是否完好，插头紧固无松脱； （6）线缆固定措施（线卡、扎带）是否完好		（1）设备是否完好、无磕碰； （2）防松标记是否移位； （3）胶带是否完好，插头紧固无松脱	目视

续表

编号	项点	位置	检查内容及标准	图 示	检测标准	检查方法
A-1	非接触检测梁体	车顶	（1）目视检查车顶非接触检测梁外观是否完好、无磕碰； （2）用伸缩检查镜目视检查梁体两端方钢底部与车体接口座六角螺栓8-M12×50①防松标记是否移位，定期维护时抽查一颗螺栓校核扭矩； （3）用伸缩检查镜目视检查梁体两端方钢与过渡板六角螺栓8-M12×50②防松标记是否移位，定期维护时抽查一颗螺栓校核扭矩； （4）目视检查接地六角螺栓1-M10×30③防松标记是否移位； （5）目视检查顶块与梁固定座内六角平端紧定螺钉4-M10×40④防松标记是否移位； （6）目视检查顶块与梁固定座内六角平端紧定螺钉4-M4×12⑤防松标记是否移位； （7）目视检查顶块压板内六角螺钉4-M8×25⑥防松标记是否移位	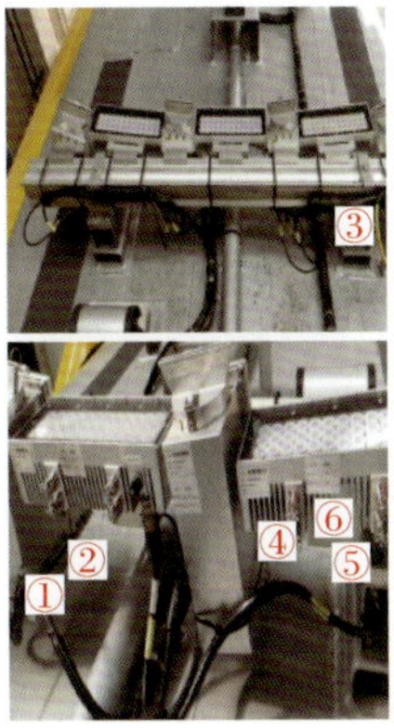	（1）设备是否完好、无磕碰； （2）防松标记是否移位； （3）胶带是否完好，插头紧固无松脱	目视
A-2	非接触检测摄像机共4个	车顶	（1）目视检查车顶非接触检测摄像机护罩外观是否完好、无磕碰； （2）目视检查相机盒盖与盒体内六角圆柱头螺钉17-M5×20①防松标记是否移位； （3）目视检查顶块与梁固定座内六角平端紧定螺钉4-M10×40②防松标记是否移位； （4）目视检查顶块与梁固定座内六角平端紧定螺钉4-M4×12③防松标记是否移位； （5）目视检查顶块压板内六角螺钉4-M8×25④防松标记是否移位； （6）目视检查摄像机护罩卡扣是否紧固、无松动； （7）目视检查线缆连接插头胶带是否完好，插头紧固无松脱； （8）线缆固定措施（线卡、扎带）是否完好		（1）设备是否完好、无磕碰； （2）防松标记是否移位； （3）胶带是否完好，插头紧固无松脱	目视

续表

编号	项点	位置	检查内容及标准	图　示	检测标准	检查方法
A-3	非接触检测探照灯共4个	车顶	（1）目视检查车顶非接触检测探照灯外观是否完好、无磕碰； （2）目视检查玻璃压盖内六角圆柱头螺钉6-M4×10①防松标记是否移位； （3）目视检查侧面模块与支架外六角螺栓2-M10×20②防松标记是否移位； （4）目视检查底座与支架外六角螺栓4-M12×40③防松标记是否移位； （5）目视检查顶块与梁固定座内六角平端紧定螺钉4-M10×40④防松标记是否移位； （6）目视检查顶块与梁固定座内六角平端紧定螺钉4-M4×12⑤防松标记是否移位； （7）目视检查顶块压板内六角螺钉4-M8×25⑥防松标记是否移位； （8）目视检查线缆连接插头胶带是否完好，插头紧固无松脱； （9）线缆固定措施（线卡、扎带）是否完好	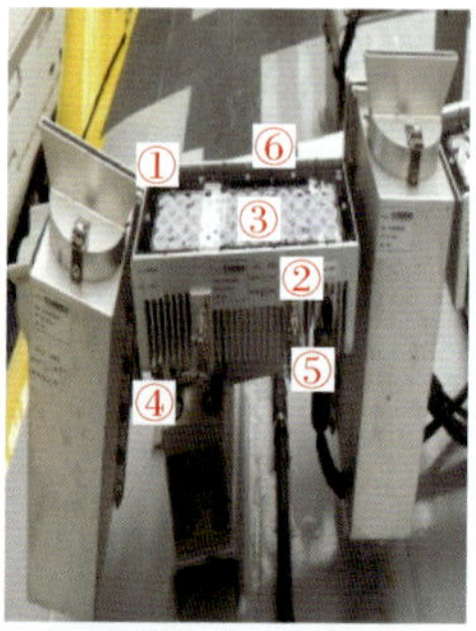	（1）设备是否完好、无磕碰； （2）防松标记是否移位； （3）胶带是否完好，插头紧固无松脱	目视
B-7	压力传感器	车顶受电弓共4个	（1）目视检查车顶受电弓压力传感器外观是否完好、无磕碰； （2）目视检查外六角螺栓4-M6×20①防松标记是否移位； （3）目视检查外六角螺栓1-M6×55②防松标记是否移位； （4）目视检查螺栓外观有无电腐蚀； （5）目视检查线缆连接插头胶带是否完好，插头紧固无松脱； （6）线缆固定措施（线卡、扎带）是否完好		（1）设备是否完好、无磕碰； （2）防松标记是否移位； （3）胶带是否完好，插头紧固无松脱	目视

续表

编号	项点	位置	检查内容及标准	图示	检测标准	检查方法
A-4	加速度传感器	车顶受电弓2个	（1）目视检查车顶受电弓加速度传感器外观是否完好、无磕碰； （2）目视检查内六角螺栓4-M3×16①防松标记是否移位； （3）目视检查螺栓外观有无电腐蚀； （4）目视检查线缆连接插头胶带是否完好，插头紧固无松脱； （5）线缆固定措施（线卡、扎带）是否完好		（1）设备是否完好、无磕碰； （2）防松标记是否移位； （3）胶带是否完好，插头紧固无松脱	目视
A-5	高压数据采集箱	2车车顶受电弓	（1）目视检查2车车顶受电弓高压数据采集箱外观是否完好、无磕碰； （2）目视检查上盖外六角螺栓8-M8×45①防松标记是否移位； （3）目视检查底面外六角螺栓4-M8×55②防松标记是否移位； （4）目视检查侧面模块与挂件外六角螺栓2-M10×40③防松标记是否移位； （5）目视检查侧面车体杆与挂件外六角螺栓4-M10×110④防松标记是否移位； （6）目视检查线缆连接插头胶带是否完好，插头紧固无松脱； （7）线缆固定措施（线卡、扎带）是否完好		（1）设备是否完好、无磕碰； （2）防松标记是否移位； （3）胶带是否完好，插头紧固无松脱	目视
A-4	供电电源箱	车顶	（1）检查4车车顶受电弓供电电源箱外观； （2）检查侧盖内六角圆柱头螺钉4-M6×16①； （3）检查底面外六角螺栓4-M8×55②； （4）检查侧面模块与挂件外六角螺栓2-M10×40③； （5）检查侧面车体杆与挂件外六角螺栓4-M10×110④； （6）检查线缆连接插头胶带，插头紧固状态； （7）线缆固定措施（线卡、扎带）	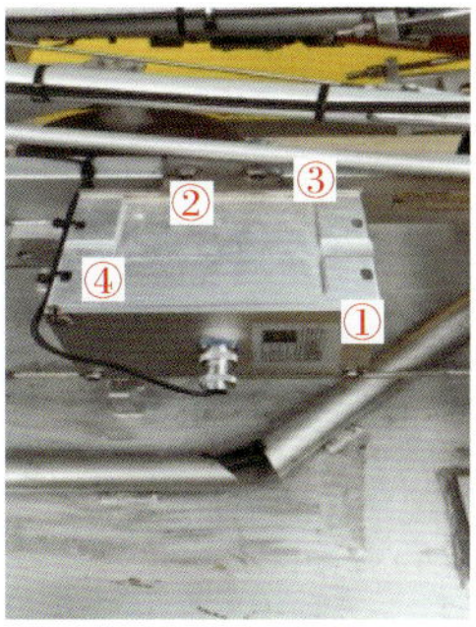	（1）设备是否完好、无磕碰； （2）防松标记是否移位； （3）胶带是否完好，插头紧固无松脱	目视

续表

编号	项点	位置	检查内容及标准	图　示	检测标准	检查方法
B-6	电流互感器	车顶受电弓	（1）检查6车车顶受电弓蓝色电流互感器外观； （2）线缆固定措施（线卡、扎带）		（1）设备是否完好、无磕碰； （2）胶带是否完好，插头紧固无松脱	目视
B-6	激光导高传感器	车顶	（1）检查6车车顶激光导高传感器护罩外观； （2）检查十字盘头螺钉2-M4×60①； （3）安装底座上内六角圆柱头螺钉4-M5×16②； （4）检查线缆连接插头胶带，插头紧固状态； （5）线缆固定措施（线卡、扎带）	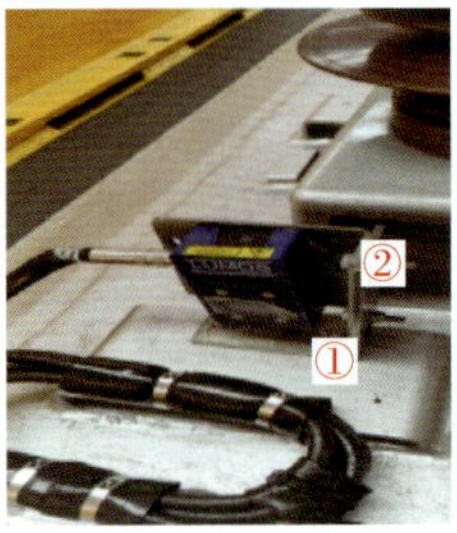	（1）设备是否完好、无磕碰； （2）防松标记是否移位； （3）胶带是否完好，插头紧固无松脱	目视
B-9	燃弧探测传感器	车顶	（1）目视检查车顶燃弧探测传感器外观是否完好、无磕碰； （2）目视检查正面内六角螺栓8-M3×10①防松标记是否移位； （3）目视两侧面外六角螺栓2-M12×30②防松标记是否移位； （4）目视检查底面与支架外六角螺栓4-M12×30③防松标记是否移位； （5）目视检查线缆连接插头胶带是否完好，插头紧固无松脱； （6）线缆固定措施（线卡、扎带）是否完好		（1）设备是否完好、无磕碰； （2）防松标记是否移位； （3）胶带是否完好，插头紧固无松脱	目视
A-6	限位开关	车顶受电弓	（1）检查6车车顶受电弓限位开关外观； （2）检查顶面内六角圆柱头螺钉2-M6×35①； （3）检查侧面内六角圆柱头螺钉4-M4×35②； （4）检查线缆连接插头胶带，插头紧固状态； （5）线缆固定措施（线卡、扎带）	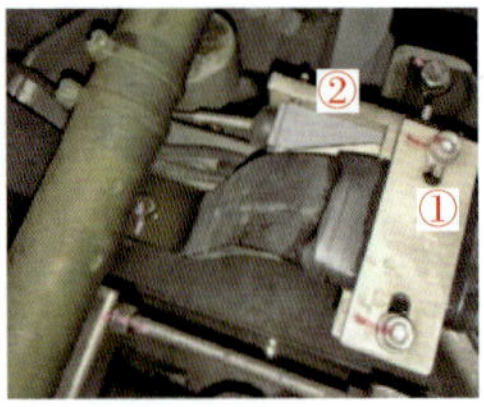	（1）设备是否完好、无磕碰； （2）防松标记是否移位； （3）胶带是否完好，插头紧固无松脱	目视

5. 车底检测设备安全检查内容及标准

车底检测设备安全检查内容及标准见表3-12。

表 3-12 车底检测设备安全检查内容及标准

编号	项点	位置	检查内容及标准	图 示	检查标准	检查方法
A-1	垂直位移补偿传感器2个	车底	（1）目视检查垂直位移补偿传感器是否存在裂纹等异常现象； （2）目视检查底座与车体连接4-M6×30螺母①防松标记是否移位		（1）设备是否完好、无磕碰； （2）防松标记是否移位； （3）胶带是否完好，插头紧固无松脱	目视
A-2	横向位移补偿传感器	车底	（1）目视检查横向位移补偿传感器是否存在裂纹等异常现象； （2）目视检查底座与车体连接8-M6×30螺母①防松标记是否移位		（1）设备是否完好、无磕碰； （2）防松标记是否移位； （3）胶带是否完好，插头紧固无松脱	目视

3.4.2 日常维护

1. 维护概述

日常维护作业主要以检查检测软硬件的功能状态，以确保检测数据的准确性。主要检查内容包括不限于硬件设备检测功能、检测软件状态、检测软件参数配置、检测数据库版本等。检查结果填写在《高速综合检测列车日常维护记录表》中。

检测设备日常维护分为车外设备维护和车内设备维护，车外设备维护项点由车顶设备项点和车下设备项点组成。

日常维护作业每7日为一个检查周期，车内检查项点可在检测车运行期间作业，车外检查项点可结合安全检查作业同步进行。

2. 维护流程

（1）日常维护作业流程遵守《一次入库检查作业标准》，作业负责人提前向动车所检修调度提交作业申请，按动车所要求办理作业手续。

（2）作业负责人向作业人员进行作业前技术交底，讲解本次作业分工、作业内容及注意事项。

（3）作业人员正确穿戴劳保用品、准备工具，确认作业条件，按照检查项点开始作业。

（4）作业完成后，负责人清点人员，检查随身工具，收好劳保用品，归还登顶卡，作业单销记，完成作业。

（5）作业完成后填写日常维护记录表，作业记录表放在车上指定位置存档,电子版及时上传至装备信息管理系统。

3. 注意事项

（1）应严格遵守作业场所相关规定。

（2）作业人员应按规定穿戴劳保用品。所有作业均需要穿好工作服，戴好安全帽；若有登顶作业时务必穿戴绝缘鞋和安全带（因车宽原因，CRH380AM-0204登顶时必需穿戴安全带）。

（3）登顶作业时，须接触网断电、动车组降弓放电后，组织登顶人员在现场调度申领登顶卡，一人一卡，进出均须刷本人登顶卡，严禁一卡多刷。

（4）车顶作业，由登顶端车端向车尾方向行进，检查至车尾后由三层平台过道返回登顶端下平台。

（5）车下检查，可在车端进出车门处就近下车端地沟，检查完信号检测系统后在地沟内向另一端行进。

（6）登顶作业人员至少为2人。在进行登顶检查作业前，必需有专人进行防护，联防联控，严禁1人单独登顶作业。

（7）对所用工具严格检查，确认状态良好。作业中使用的纱布、铁丝、弹垫等报废零部件包装等固体废弃物要分类收集，综合利用，避免污染。

（8）应注意尖锐角边可能造成绊倒、挤伤事故以及皮肤割伤。

（9）检查发现硬件设备有故障时需要及时处理，软件配置参数错误时及时修正。

4. 弓网系统维护项点

弓网系统维护项点见表3-13。

表 3-13 弓网系统维护项点

序号	检查内容	检查结果		故障描述	故障处理结果
		正常	故障		
1	检查几何参数检测系统状态，打开软件后相机状态灯均为绿色，使用模拟速度检测是否能够正常采集拉出值、导高数据				
2	检查弓网受流参数检测系统状态，打开软件并开始采集后，查看系统自检是否能够正常采集压力、硬点数据				
3	在几何参数检测系统、弓网受流参数检测系统开启后，打开同步预处理、数据集成处理、波形软件，查看预处理软件是否能够正常收发数据包，后处理软件、波形软件是否能够正常接收数据				
4	开启视频监视软件，查看视频图像是否清晰				
5	开启光源控制单元，查看控制单元的光源指示灯是否正常点亮，登顶检查光源灯是否正常亮起				
6	检查数据库及线路信息库是否为最新				
7	在接触式蓄电池插座处检查1、2管脚电压（12～14 V）				

3.5 接触网常见缺陷案例

3.5.1 接触线拉出值

图3-103所示为合福高铁上行K1076+873处检出接触线拉出值缺陷，缺陷值为501 mm，位于曲线区段锚段关节内转换柱处，列车低速运行时曲线

内侧拉出值偏大。

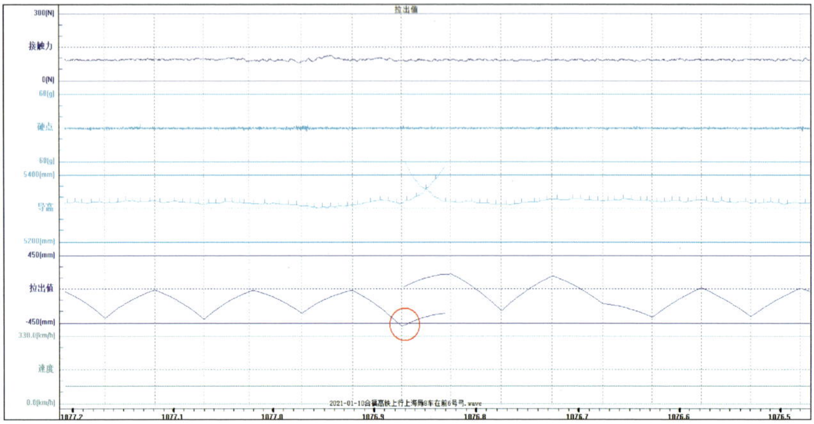

图 3-103　合福高铁上行 K1076+873 处接触线拉出值缺陷波形

图3-104所示为广肇城际上行K48+897处检出接触线拉出值缺陷，缺陷值为503 mm，位于曲线区段锚段关节内跨中处。

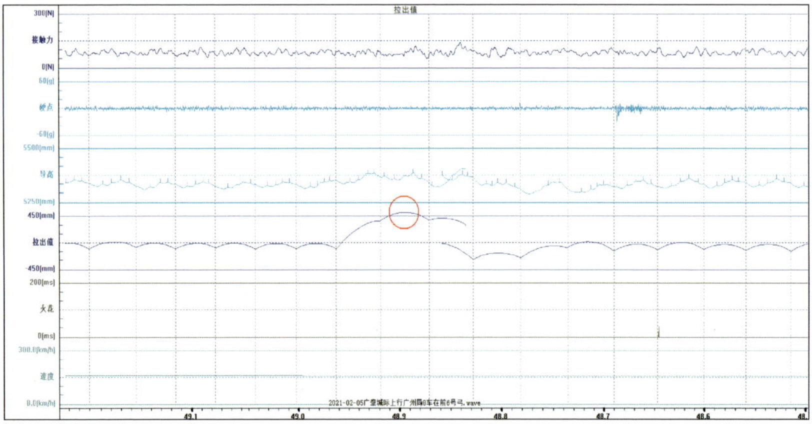

图 3-104　广肇城际上行 K48+897 处接触线拉出值缺陷波形

图3-105所示为沈大高铁下行K20+135处检出接触线拉出值缺陷，缺陷值为525 mm，位于曲线区段锚段关节内转换柱处，列车低速运行时拉出值偏大。

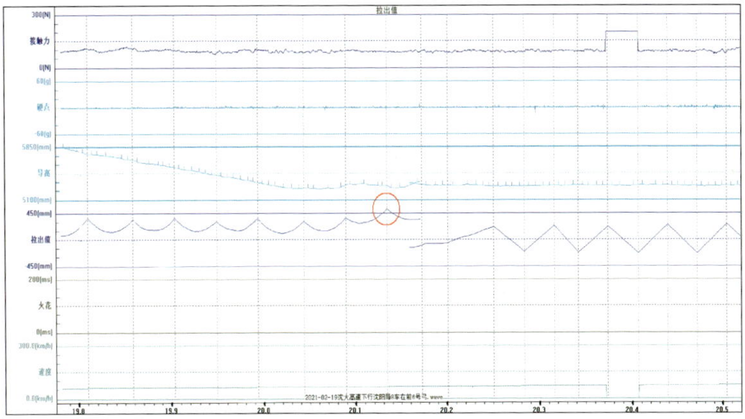

图 3-105　沈大高铁下行 K20+135 处接触线拉出值缺陷波形

3.5.2　接触线高度

图3-106所示为崇礼铁路下行K45+506处检出接触线最大高度缺陷，缺陷值为5 657 mm，跨中处接触线高度偏高，且位于整锚段的中部，接触线中锚辅助绳状态不佳。

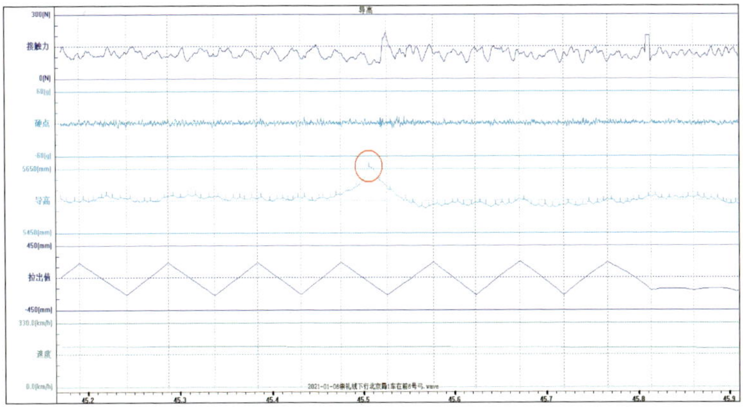

图 3-106　崇礼铁路下行 K45+506 处接触线高度缺陷波形

图3-107所示为沪昆高铁下行K1746+148处检出接触线最大高度缺陷，缺陷值为5 452 mm，跨中处接触线高度偏高，且位于整锚段的中部，接触线中锚辅助绳状态不佳。

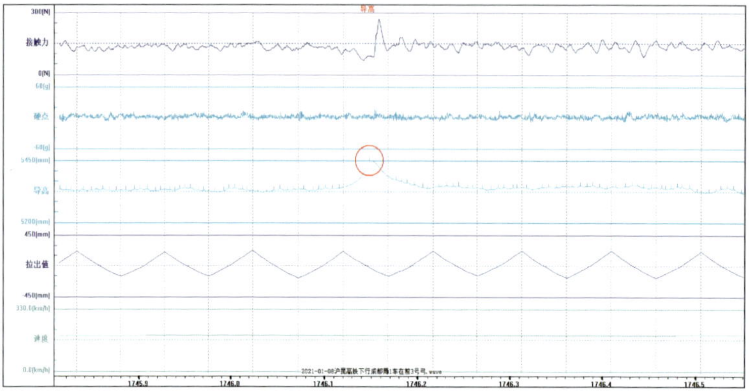

图 3-107　沪昆高铁下行 K1746+148 处接触线高度缺陷波形

图3-108所示为霸徐铁路下行K100+365处检出接触线最大高度缺陷，缺陷值为6 152 mm，位于曲线区段锚段关节外转换柱处，定位点处接触线高度偏高。

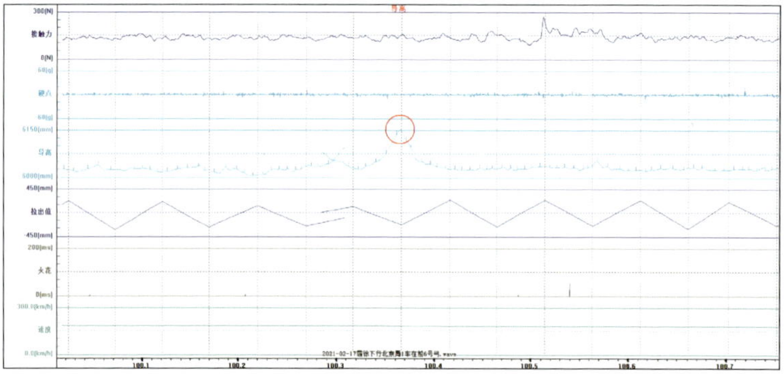

图 3-108　霸徐铁路下行 K100+365 处接触线高度缺陷波形

图3-109所示为珠机城际下行K7+728处检出接触线最小高度缺陷，缺陷值为5 185 mm，位于曲线区段锚段关节跨中，跨内吊弦处接触线高度偏低。

3.5.3　一跨内接触线高差

图3-110所示为安六客专下行K19+858处检出一跨内接触线高差缺陷，缺陷值为196 mm，原因为前定位点处接触线高度偏高。

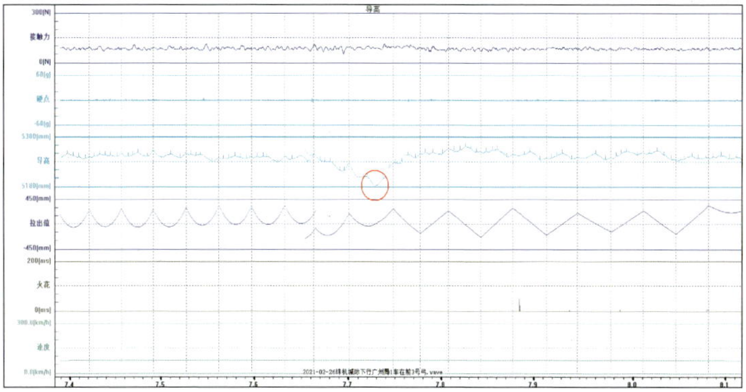

图 3-109　珠机城际下行 K7+728 处接触线高度缺陷波形

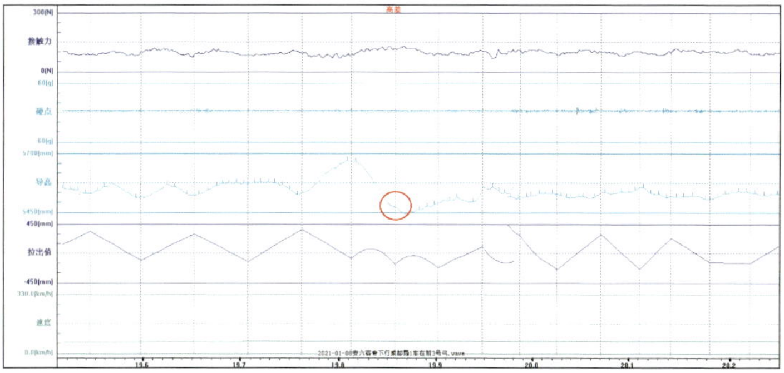

图 3-110　安六客专下行 K19+858 处一跨内接触线高差缺陷波形

图3-111所示为兰渝铁路下行K748+985处检出一跨内接触线高差缺陷，缺陷值为213 mm，原因为前定位点处接触线高度偏低。

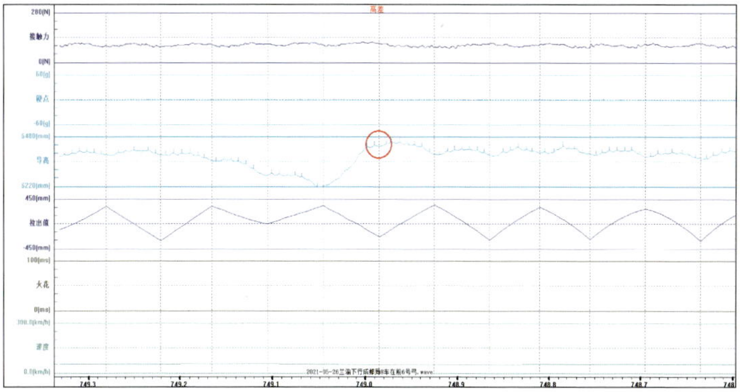

图 3-111　兰渝铁路下行 K748+985 处一跨内接触线高差缺陷波形

图3-112所示为赣瑞龙铁路下行K245+586处检出一跨内接触线高差缺陷，缺陷值为159 mm，原因为前定位点处接触线高度偏高。

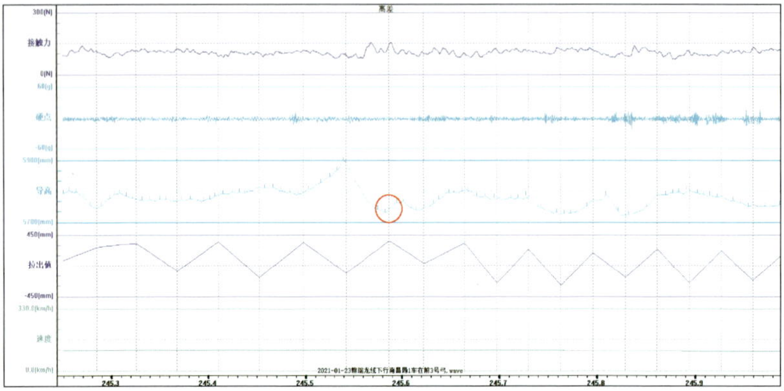

图 3-112　赣瑞龙铁路下行 K245+586 处一跨内接触线高差缺陷波形

图3-113所示为兰渝铁路下行K749+192处检出一跨内接触线高差缺陷，缺陷值为216 mm，原因为前定位点处接触线高度偏低。

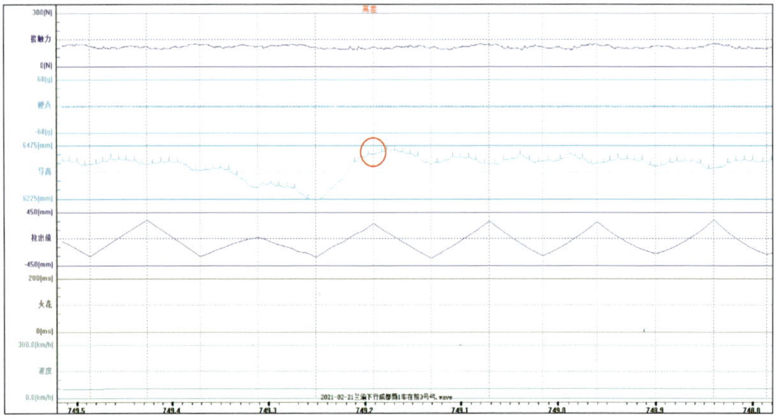

图 3-113　兰渝铁路下行 K749+192 处一跨内接触线高差缺陷波形

3.5.4　弓网接触力

图3-114所示为丹大铁路上行K275+386处检出最小弓网接触力缺陷，缺陷值为4 N，缺陷位于跨内，跨中接触线高度偏高，中锚及接触线受力状态不佳。

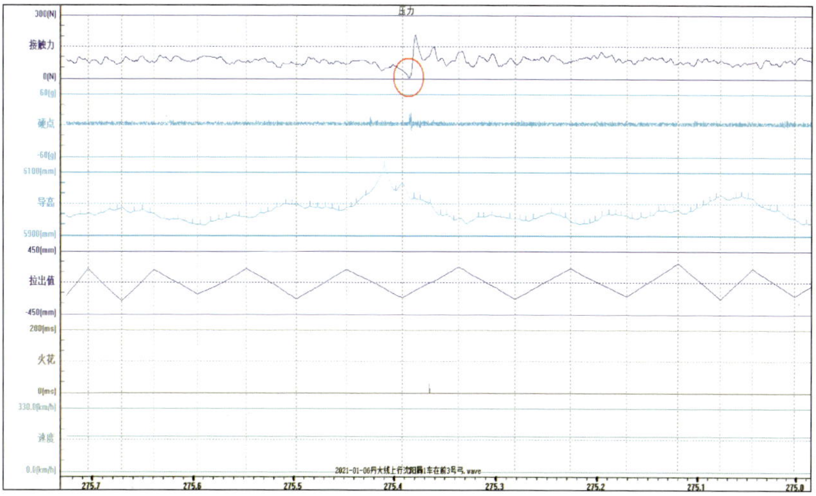

图 3-114　丹大铁路上行 K275+386 处弓网接触力缺陷波形

图3-115所示为京哈高铁上行K92+573处检出最大弓网接触力缺陷，缺陷值为364 N，缺陷位于跨内，跨中接触线高度偏高，中锚及接触线受力状态不佳。

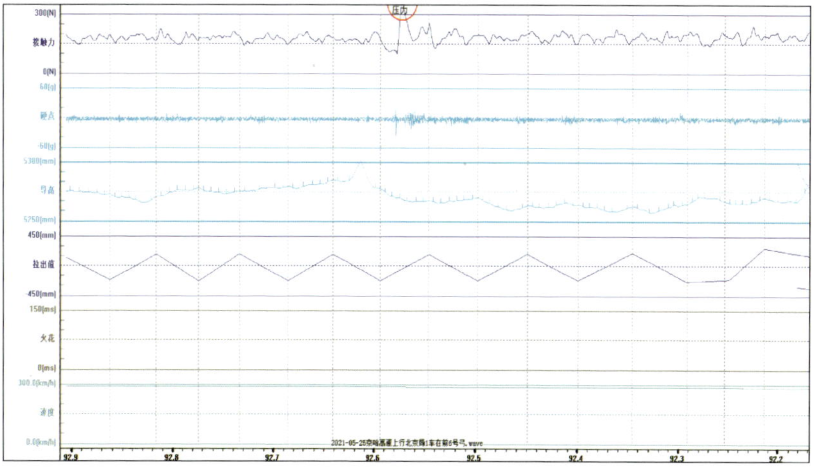

图 3-115　京哈高铁上行 K92+573 处弓网接触力缺陷波形

图3-116所示为沪蓉高铁下行K1045+341处检出最大弓网接触力缺陷，缺陷值为302 N，缺陷位于曲线区段中锚处，中锚及接触线受力状态不佳。

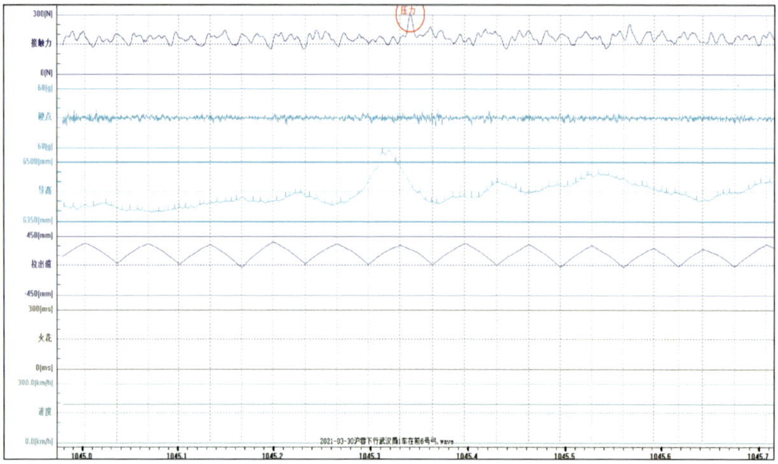

图 3-116　沪蓉高铁下行 K1045+341 处弓网接触力缺陷波形

图3-117所示为沈大高铁上行K400+270处检出最小弓网接触力缺陷，缺陷值为2 N，缺陷位于侧线区段，建议复核分段绝缘器状态。

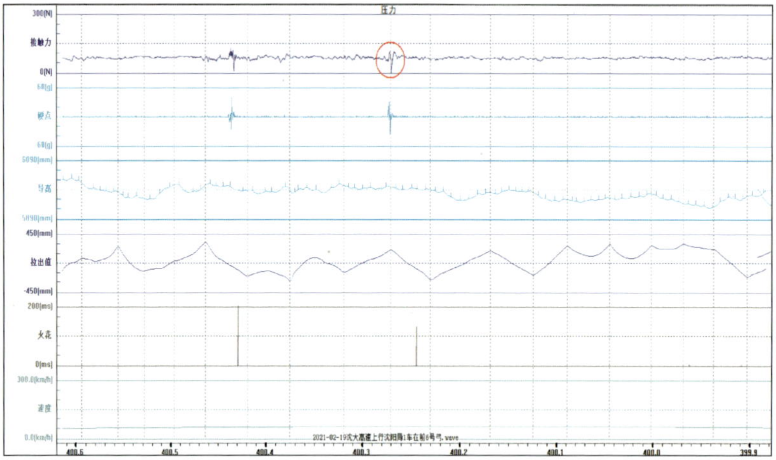

图 3-117　沈大高铁上行 K400+270 处弓网接触力缺陷波形

3.5.5 硬　点

图3-118所示为益湛铁路娄邵段下行K145+093处检出硬点缺陷，缺陷值为61*g*，此缺陷位于锚段关节处，接触线及线夹状态不佳。

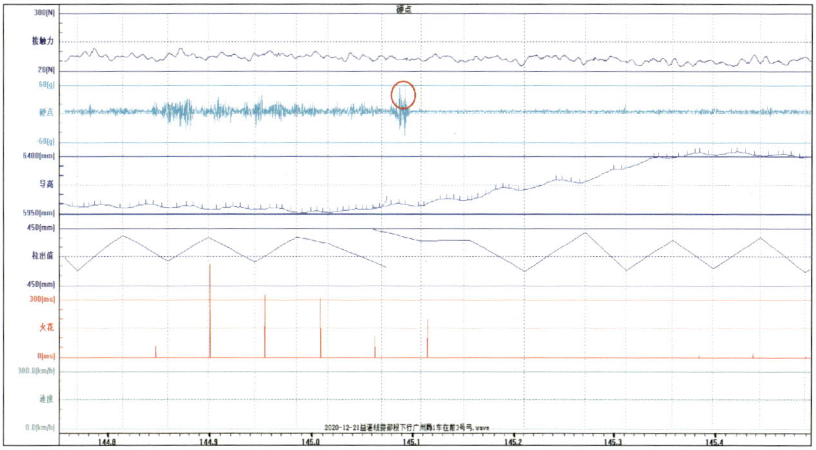

图 3-118　益湛铁路娄部段下行 K145+093 处硬点缺陷波形

图3-119所示为徐兰高铁下行K685+445处检出硬点缺陷，缺陷值为71g，此缺陷位于侧线股道，经视频辅助分析，分段绝缘器状态不佳。

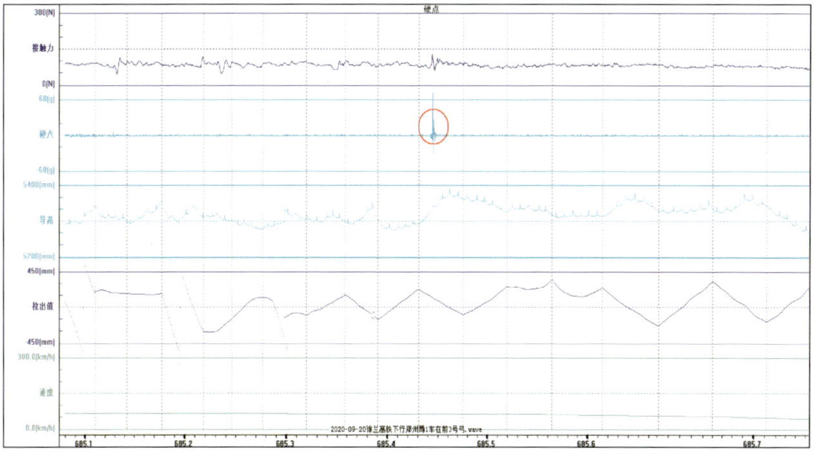

图 3-119　徐兰高铁下行 K685+445 处硬点缺陷波形

图3-120所示为沪蓉高铁下行K305+162处检出硬点缺陷，缺陷值为64g，此缺陷位于侧线股道无交叉线岔处，线岔处接触线状态不佳。

3.5.6　燃弧时间

图3-121所示为京港高速下行K1843+543处检出最大燃弧时间缺陷，缺

陷值为395 ms，此缺陷位于锚段关节处，硬点值同时存在变化。

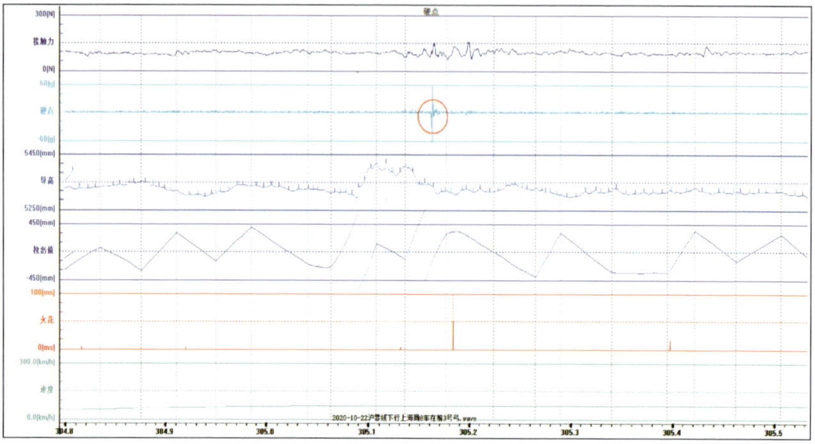

图 3-120　沪蓉高铁下行 K305+162 处硬点缺陷波形

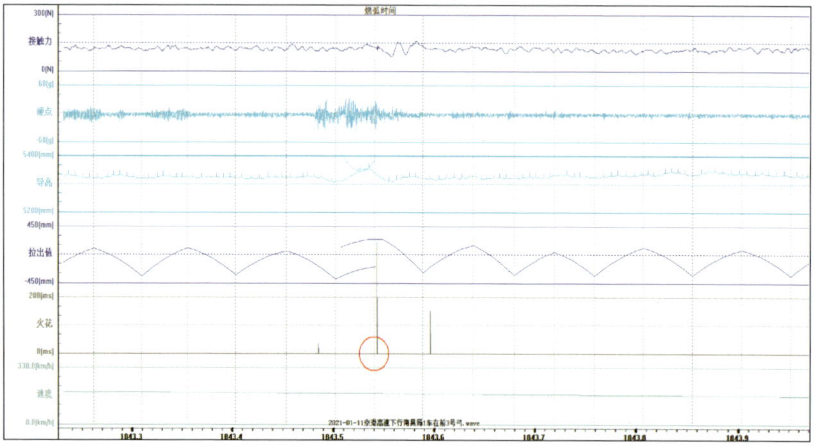

图 3-121　京港高铁下行 K1843+543 处最大燃弧时间缺陷波形

图3-122所示为贵广客专上行K7+741处检出最大燃弧时间缺陷，缺陷值为246 ms，此缺陷区段硬点值同时存在变化，接触线状态不佳。

图3-123所示为益湛铁路上行K200+988处检出最大燃弧时间缺陷，缺陷值为500 ms，此缺陷区段硬点值同时存在变化，接触线状态不佳。

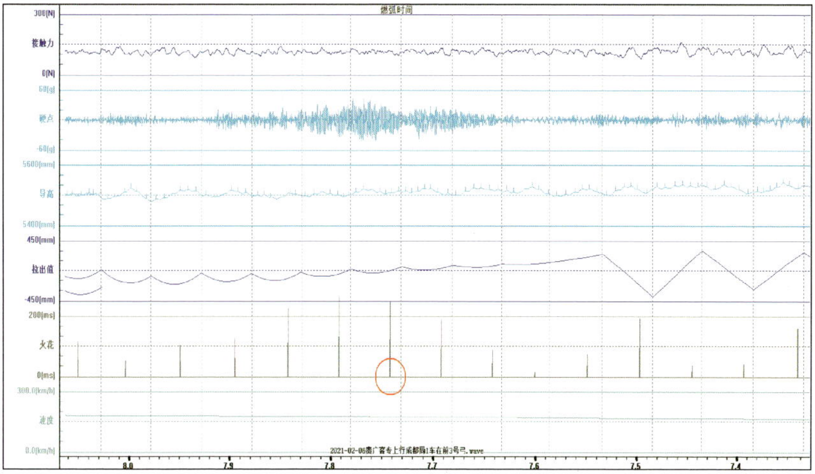

图 3-122 贵广客专上行 K7+741 处最大燃弧时间缺陷波形

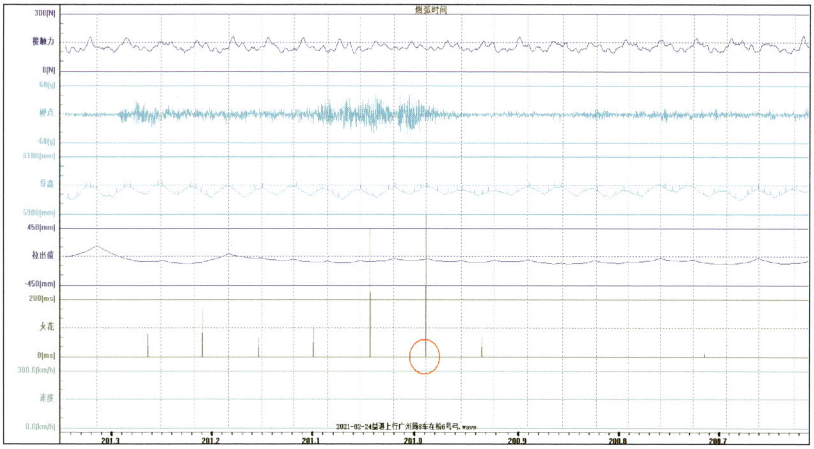

图 3-123 益湛铁路上行 K200+988 处最大燃弧时间缺陷波形